桂林理工大学公共经济与管理丛书

本书为桂林理工大学博士启动基金项目成果
本书出版受桂林理工大学屏风学者及创新团队计划基金、桂林理工大学人文社会科学学院MPA专项建设基金资助

彭正波 著

地方政府公司化中的增长联盟研究

DIFANGZHENGFU GONGSIHUA ZHONG DE ZENGZHANG LIANMENG YANJIU

WUHAN UNIVERSITY PRESS
武汉大学出版社

图书在版编目(CIP)数据

地方政府公司化中的增长联盟研究/彭正波著.—武汉:武汉大学出版社,2016.12
桂林理工大学公共经济与管理丛书
ISBN 978-7-307-18798-6

Ⅰ.地… Ⅱ.彭… Ⅲ.地方政府—行政管理—关系—区域经济发展—研究—中国 Ⅳ.①D67 ②F127

中国版本图书馆 CIP 数据核字(2016)第 274923 号

责任编辑:黄 殊 责任校对:李孟潇 版式设计:马 佳

出版发行:**武汉大学出版社** (430072 武昌 珞珈山)
(电子邮件:cbs22@whu.edu.cn 网址:www.wdp.com.cn)
印刷:虎彩印艺股份有限公司
开本:720×1000 1/16 印张:10.75 字数:202 千字 插页:1
版次:2016 年 12 月第 1 版 2016 年 12 月第 1 次印刷
ISBN 978-7-307-18798-6 定价:38.00 元

前　言

回顾近三十年的改革开放历程，9%以上的 GDP 年均经济增速，使中国一举完成了解决温饱问题和达到初步小康的两个历史性阶段跨越。特别是进入新世纪后，中国经济的发展更加引人注目，俨然成为世界经济复苏的发展“引擎”，中国被誉为“世界工厂”。如此迅猛的发展，到底是什么充当了动力和引擎，毫无疑问，这是学术界非常关心的理论和现实问题。以至于如何解释中国经济增长的“奇迹”，当前已经成为思想界和学术界追捧的研究对象。

作为社会发展中的关键性力量和变革主体，政府发挥了不可或缺的作用。可以说，中国经济的高速增长，地方政府在其中发挥了非常重要的作用，成为经济发展函数的基本变量之一。但是，我们不得不注意到这样一个现实，一些地方政府在促进经济增长的同时，其自身却在发展中蜕变成追求价值最大化的经济实体，逐步显示出公司化的倾向，具备了公司的诸多本质特征。在公司化的过程中，少数地方政府与企业等利益主体结成增长共同体，形成了“总体性精英”，损害了其他主体的利益——集中显现为政府以财政收入最大化为终极目标，追求经济增长，以 GDP 为营业额，以财政收入为政府利润。在此过程中，一些地方政府中的行政集团追求利益最大化，政绩表现为政府官员群体的升迁。而政府在经济和社会发展中所应扮演的角色作用退缩为单一地实现经济增长，社会发展和民生事业被忽视。

自秦以降，中国形成了中央高度集权的管理体制，虽然经过几千年的演变和发展，期间也出现过中央集权与地方割据此消彼长的格局，但总体而言，发展到今天，中央集权仍然占据主导地位。改革开放以后，经济发展方面进行了分权式的改革，但政治和行政管理体制方面，仍然中央一体独大，地方只是在某种程度上执行中央的意志，中央和地方形成了某种意义上的“委托—代理”关系。

虽然中央一再三令五申，强调要为人民服务，地方政府必须要代表公众利益。但是更多的事实则证明，少数地方政府完全视中央政策于无物，严重损害了群众的利益。高度集中统一的行政管理体制是保持政令统一的最佳结构，“上有政策、下有对策”的出现应微乎其微。但现实却是，在中央的政策和民众的利益双重制约下，少数地方政府成功地与经济利益集团形成了增长联盟。本书则通过检视改革开放后地方经济增长的历史进程，以房地产等几个领域为突破口，通过制度变迁分析和利益考量，希望回答地方增长联盟的根本性问题——中国地方增长联盟是如何形成的，各个主体之间是如何作用的？如何遏制地方增长联盟的非正常蔓延？机会主义与利益博弈侵蚀着政党官僚制的根基，如何改变传统的动员型治理模式，形成现代的治理结构？

中国处于计划经济向市场经济转轨的过程中，地方政府与市场的关系更加复杂化，充满着博弈，但这种博弈是力量非对称的。面对经济全球化的挑战和国际资本的转移，面对日益激烈的市场竞争，面对上级考核指标的层层加码和财政压力，地方政府加快发展经济的压力不断增加，强烈的发展冲动使得地方政府需要借助市场的力量来完成政治和经济任务，以此实现政绩，而残酷的市场竞争使得企业也希望通过地方政府的支持来获取超额利润。双方一拍即合，于是地方政府与企业的联姻出现了，二者组合成增长共同体，实现“双赢”的发展目标。地方治理的“公司化”倾向逐渐明晰，最终促使了地方政府和企业利益集团的联姻，由此产生的增长联盟与中央政府相对抗。地方行政精英与经济精英增长联盟的形成，有着特殊的历史背景，是市场经济体制建立过程中政治经济体制结构转型的必然结果。地方政府在经济发展过程中，选择了和企业利益集团结成增长联盟，其结果是地方政府作为地方公共利益的代表的角色被遗忘和忽视，反倒是“经济人”的角色被不断强化，少数地方政府成为赤裸裸的利益追求者，这是房地产市场以及经济发展中地方政府行为异化的症结所在。

在地方政府公司化与地方增长联盟的形成过程中，由于社会的强势主体——政治精英和经济精英——因为利益“交集”而走到了一起，打破了利益均衡，对社会的公平、公正和公开秩序构成了严重威胁。而地方增长联盟的内部也并非铁板一块，而是充满着复杂的利益博弈关系。在中央政府、地方政府和利益集团的复杂关系中，一些地方政府与利益集团越走越近，反而把中央政府排斥在外，中央政府越来越被边缘化，政策执行中的地方“梗阻”越来越明显。部分地方政府和经济利益集团结成的联盟，为了追逐联盟利益的最大化，不惜抵制中央政府的政策，无视民众的呼声和要求，虽然经济的迅猛发展有地方增长联盟的功劳，但总体而言，对于社会产生了极为深远的危害和影响，成为现代化和社会转型的最大障碍。既得利益集团为了长期拥有高额稳定利润，不惜阻碍改革的深入和拓展，导致社会的发展受到严重的制约，在某种程度上消解了政府的合法性，造成政治性治理危机。

在中国，由于事实上存在的长期“官本位”体制的影响和民主化、法治化进程的相对落后，城市的市民社会、非政府组织的实力仍然极其弱小，所以反增长联盟并没有形成西方所特有的力量，整体上还非常弱小，而且在中国语境下，反增长联盟的主体变成了农民。由于地方增长联盟在征地过程中的过分剥夺，而且是以法律和政策的名义进行的，地方增长联盟对反增长联盟的利益侵蚀和打压越来越明显，利益冲突越来越激化，加上生活方式的巨变以及缺乏制度性的利益表达和协调机制，这些复杂因素的综合作用使得反增长联盟在寻求合法化和制度化利益表达无果后，只得选择通过集体行动的体制外维权方式。部分农民的抗争意识比较淡薄，一些不愿意抗争的和一些地方增长联盟的利益实现对其自身伤害不大的农民不会选择抗争，这就与集体行动产生了分歧，农民内部的利益冲突使抗争行为陷入困境。

要想走出地方政府公司化的困境，实现地方政府公司化向公共化的转变，单纯的技术层面的革新是远远不够的，必须从根本的制度层面出发思考，着眼于全局，从深层次去解决问题。本书试着从政治体制改革和基层民主健全、中央地方财权事权的改革重建、财政预算的民主与公共财政的建立、绩效评估的完善与问责制度的构建等视角去分析应对地方增长联盟的措施，提出相应的具体对策，以供讨论与参考。

目　录

第一章　引　　言

第一节　研究背景、目的与研究意义

一、研究背景

改革开放三十多年来，中国经济一直保持其他国家很少见到的持续高速增长势头。不少人认为中国走出了一条独特的经济发展模式，甚至将中国罕见的经济增长过程视为一个“奇迹”。回顾近三十年的改革开放历程，9%以上的 GDP 年均经济增速，使中国一举完成了解决温饱问题和达到初步小康的两个历史性阶段跨越。特别是进入新世纪后，中国经济的发展更加引人注目，俨然成为世界经济复苏的发展“引擎”，中国被誉为“世界工厂”。持续多年的高速增长极大地增加了中国的综合竞争力，国民的自信心和自豪感大大增强，大国崛起成为人们的时髦话题。外界也认为，21 世纪是中国的世纪。①

如此迅猛的发展，到底是什么充当了动力和引擎，毫无疑问，这是学术界非常关心的理论和现实问题。以至于如何解释中国经济增长的“奇迹”，当前已经成为思想界和学术界追捧的研究对象。对“中国奇迹”，如何解释，有两种截然相反的观点：一种观点认为，由于政府主导市场经济的进程，通过集中社会一切资源去发展经济，使得资源配置在政府的权威和强制下极富高效，这也是一种“中国特色”的“集中力量办大事”；另一种信奉市场价值至上的观点则认为中国经济增长“奇迹”是全球化下放松管制的结果，由于彻底放弃计划经济，自由市场得以运行，市场作为配置资源的基础性力量充分张扬，改革开放后的中国经济的腾飞就是最好的证明。

作为社会发展中的关键性力量和变革主体，政府在经济发展中发挥了不可或缺的作用。可以说，中国经济的高速增长，地方政府在其中发挥了非常重要的作

---

① Laurence, J, Brahm.（ed.）. *China's Century: the Awakening of the Next Economic Power House* [J]. New York: Wiley, 2001.

用，成为经济发展函数的基本变量之一。但是，我们不得不注意到这样一个现实，少数地方政府在促进经济增长的同时，其自身却在发展中蜕变成追求价值最大化的经济实体，逐步显示出公司化的倾向，具备了公司的诸多本质特征。在“公司化”的过程中，一些地方政府与企业等利益主体结成增长共同体，形成了“总体性精英”，损害了其他主体的利益——集中显现为以财政收入最大化为终极目标，追求经济增长，以 GDP 为营业额，以财政收入为政府利润。在此过程中，部分地方政府中的行政集团利益最大化，政绩表现为政府官员群体的升迁。而政府在经济和社会发展中所应扮演的角色作用退缩为单一地实现经济增长，社会发展和民生事业被忽视。

地方政府公司化带来了一些政府行为方式的新变化，经济的快速发展使得地方政府的财政收入日趋增加，在某种程度上增强了地方政府的执政能力，地方政府的资源控制和运用能力也在与日俱增，政府在某些方面和领域的运行效率也大大提高。现实中，一些地方政府在 GDP 指挥棒的指引下，大规模的基础设施建设和资本投资如火如荼地进行；在稳定成为压倒一切的压力下，部分地方政府的“维稳政治”运行高效，而其他一些行政行为必须让路。为了从中央政府和上级政府那里获得大规模项目投资资金，“跑部钱进”成为地方政府的被迫选择，“驻京办”等机构的出现如雨后春笋，能量越来越大；上级政府的激励措施转向以经济建设为中心，评估检查和考察参观主要集中在经济发展方面，奖励和项目主要瞄准了经济利益。

从某种角度来说，地方政府强大的运作实力、超强的动员机制以及整合资源的能力既能保证行政目标的实现，同时也是社会的宝贵资源。但是，政府运作的高效和超强能力如果出现了方向上的根本错误，必然给社会带来严重的灾害，而这种破坏在现实中已经表露出来：长期使用政治动员方式，政府组织的制度化建设必然遭到损害；在经济和政治利益的强大诱惑下，少数地方政府的欺上瞒下以及“数字出官、官出数字”现象可能愈演愈烈，难以得到有效控制；政治任务的经济运行方式给市场经济的正常运行带来严重的社会风险，导致政府和市场的“双重失灵”。部分地方政府的这些异化的行为既有可能发挥强大的功能作用，但也有可能产生严重的负面作用，如同一枚“魔戒”，能控制一切，异化所有行为，最终危及整个社会。

在中国进行改革开放的同时，西方国家也掀起了一场声势浩大的改革运动，这场席卷全球的新公共管理运动，以企业家精神改造政府，旨在提高政府运行效率，践行“顾客导向”，意图创立“企业家政府”。这场“政府再造”运动唤起了公众对政府的信心，提高了政府管理效率，增强了社会发展的活力。而我国部分地方政府的公司化，使得公共权力参与到市场竞争中，导致很多不和谐的因素出现。公共权力的延伸和无限扩张，使得权力寻租成为常态，腐败行为高发，破坏了社会稳定的基础，极大地降低了政府威信，社会管理的平衡遭到破坏。

如果说地方政府公司化在改革开放初期对于促进地方竞争、加快经济增长存在着一定的促进作用；而今，地方政府公司化已经导致严重的社会问题，特别是一些地方政府和企业形成了强大的增长联盟，使得地方政府和民众之间的利益失衡，甚至出现了严重的冲突，引发了公众的强烈不满，如果让其继续延续下去，必将导致地方治理危机的出现。

自秦以降，中国形成了中央高度集权的管理体制，虽然经过几千年的演变和发展，期间也出现过中央集权与地方割据此消彼长的格局。但总体而言，发展到今天，中央集权仍然占据主导地位。改革开放以后，经济发展方面进行了分权式的改革，但政治和行政管理体制方面，仍然中央一体独大，地方只是在某种程度上执行中央的意志，中央和地方形成了某种意义上的“委托—代理”关系。

虽然中央三令五申强调要为人民服务，地方政府必须要代表公众利益。但是更多的事实则证明，少数地方政府完全视中央政策于无物，严重损害了群众的利益。高度集中统一的行政管理体制是保持政令统一的最佳结构，“上有政策、下有对策”的出现应微乎其微。但现实却是在中央的政策和民众的利益双重制约下，一些地方政府成功地与经济利益集团形成了增长联盟。我们需要思考的是，如何解释这种现象？要保持中国经济增长的奇迹，地方增长联盟又该如何看待？

二、研究目的

学者哈维·莫洛奇（Harvey Molotch）在研究美国城市经济增长的时候发现，城市政体的变化发挥了非常关键的作用。在《作为增长机器的城市》一文中，莫洛奇认为，城市发展过程中，政治精英和经济精英结成了增长联盟，从而主导了城市的发展前景。城市官员发展经济的强烈冲动和经济精英对财富的执着使得两者寻找到联盟的切入点，从而以共同体的方式促进了城市的经济增长。莫罗奇同时也注意到，城市增长联盟并非一帆风顺，因为增长联盟而利益受损的群体组成反增长联盟，使得城市增长共同体的行为失去发展效果。

城市增长联盟理论对地方政府经济发展研究具有富有启示的借鉴价值，但也存在着一些问题和局限。由于增长联盟打上了很强的美国“烙印”，但不同国家的政治、经济和文化差异极大，特别是在东方社会，政府主导型的市场经济有其特殊的发展进程，因而进行跨国比较研究尤为必要。同时，增长联盟理论把视角局限于城市内部，只关系城市各种利益主体之间的相互作用，对于诸如中央政府、全球化、历史文化等外部因素缺乏必要的尊重，方法论上存在明显不足。特别是全球经济一体化的时代背景下，资源、信息、人力资本频繁涌动，对于地方经济发展产生了深远的作用和影响，如此关键性的外部力量不容忽视，因此，还需要对增长联盟理论进行深入的分析和思考。

尽管增长联盟理论存在着一定的局限，但以此为切入点，本书通过检视改革开放后地方经济增长的历史进程，以房地产等几个领域为突破口，通过制度变迁分析和利益考量，希望回答与地方增长联盟有关的根本性问题——中国地方增长联盟是如何形成的，各个主体之间是如何作用的？如何遏制地方增长联盟的非正常蔓延？机会主义与利益博弈侵蚀着政党官僚制的根基，如何改变传统的动员型治理模式，形成现代的治理结构？

三、研究意义

在走向成熟市场经济的征程中，地方政府公司化已经成为地方治理的毒瘤，一些地方政府与企业利益集团形成强大的增长联盟，损害了其他主体的利益，甚至成为地方治理危机的根源。本书的研究意义体现在：

一是理论价值。通过梳理国内外有关地方政府公司化中的增长联盟的文献和实践，厘清其历史发展和现实表征，有助于更深入地了解地方政府公司化与中国经济增长的相互关系，为分析转型期中的我国地方政府与企业利益集团关系提供了一种理论视角。

在政府主导型市场经济的形成过程中，地方政府和企业的关系异常复杂。集权体制使得地方政府的向上负责异常明显，围绕“以经济建设为中心”的发展目标，地方政府的政绩以经济发展作为终极衡量指标；对于企业来说，获取利润是其生存法则，在政府主导市场经济的过程中，争取地方政府政策支持和扶助是获取高额稳定利润的保证；对于中央政府而言，GDP 增长是最简单的考核地方政府的方式，也是增强合法性的来源。三者在经济发展方面取得了高度一致，使得地方政府公司化的道路越走越远，增长联盟纽结根深蒂固。在增长联盟内部，各方因利益纽带连接在一起，关系却错综复杂，各种互利和博弈行为呈现出复杂化的态势。

与此相对应的是，随着增长联盟对社会其他主体利益的侵蚀，反增长联盟亦开始出现并表现出强烈的抗争，使得增长联盟与反增长联盟及增长联盟内部更趋复杂化。如何从理论上分析围绕经济增长的各种主体之间的复杂关系，对增长联盟如何作出终极价值判断，并分析其发展趋势以及如何治理，在学理上具有重要的研究价值，也有助于从多个维度分析当下中国经济增长中各主体的复杂关系。

二是实际应用价值。地方政府公司化客观上造成了很多负面效应，特别是一些地方的政治精英和经济精英形成了共生的关系，他们的利益在地方经济发展这一目标上存在最大的“交集”，一些地方政府因此积极地压制反增长联盟的力量，从而对地方公共服务水平的提高和民生的改善产生了严重的威胁，已经引起社会的广泛关注和民众的强烈反感，对其进行研究和分析，具有极强的现实意义。

理论的清晰有助于事实的明辨，只有对增长联盟进行仔细的学理分析，才能为人们的行为作出导引。目前，一些地方政府公司化的趋势还在延续，增长联盟的稳固性越来越强，少数地方政府还在提出打造“亲商政府”，为招商引资大开方便之门，甚至突破法律和规则的限定，默许违法行为的发生。在“亲商”、“媚商”的同时，少数地方政府却对普通民众视而不见，执政的公平性大打折扣，丧失了民众的信任，导致了地方治理的困境。因此，本书的研究对于现实中如何看待增长联盟，形成良性地方治理结构有着较强的现实人文关怀。

第二节 研究现状

有关地方政府公司化中增长联盟的研究，学术界主要围绕地方政府公司化与经济增长的相互关系进行讨论的。

一、国外研究现状

中国经济的持续稳定快速增长，引发了国外学者的大量关注，传统的西方经济学无法给出合理的解释，国外学者针对中国经济发展的现实，提出了很多不同视角的解释框架，希望给出合理的解释来阐明。

戴慕珍（Jean C. Oi）旗帜鲜明地用“地方法团主义（Local State Corporatism）”来解释始于1980年代并且一直持续到1990年代的中国局部地区乡镇的经济腾飞。戴慕珍写道，“在经济发展过程中，地方政府具备了公司化的诸多特性，官员们按照董事会成员的方式进行运作，我用地方法团主义来指代这种政治与经济结合的新制度模式。这里所提出的地方法团主义是指一个地方政府控制、协调行政区域内的各种经济事业单位，地方政府好像变成了一个从事多种经营业务的实业公司”。① 在“以经济建设为中心”的口号鼓动和压力下，为了推动地方经济发展，地方政府与企业、社区结成了利益共同体，组成一个法团化的组织。在利益共同体内部，各主体互相利用——政府为当地企业提供稳定的发展环境和充裕的资金支持，甚至减免税负；企业创造了大量的就业机会和利润，支持了地方财政收益；社区则提供了廉价劳动力和土地。三者的合力促进了20世纪八九十年代的乡镇经济的奇迹。

---

① Oi Jean. *Fiscal Reform and the Economic Foundation of Local State Corporatism in China* [J]. World Politics, 1992, 45 (1): 100-101.

安德鲁·魏昂德（Andrew Walder）也有类似的观点，他提出了“地方政府即厂商”的理论。地方官员在其管辖的地方公务事务范围内，行为恰似一个董事会的董事。在地方政府与当地企业的关系中，可以把政府当做一个公司的董事会，企业则是具体的生产者。地方政府把企业当做公司来进行管理。魏昂德通过对20世纪80年代的乡镇企业的实地研究，发现地方政府对乡镇和村庄的企业实现了所有权和使用权，企业管理人员的招聘、管理及薪酬，资金和资源的筹措，生产线的引进和改进，市场策略的抉择等几乎企业经营的一切皆由当地官员所操纵。魏昂德特别指出，在企业经济活动超出行政区之外时，这种管制表现得更为明显。① 地方政府和企业形成了明显的“委托—代理”关系。

马克·布莱彻（Marc Blecher）在其对四川省广汉县的研究中指出，地方政府公司化是因为受到财政压力的影响，特别是改革中大量下岗再就业人员需要提供就业机会，而地方政府以国有企业的代表人的角色参与商业领域。② 而徐维恩（Vivienne Shue）通过对河北辛集的研究发现，地方政府的目的并不是为了追求自身利益的最大化，而是通过创造良好的外部环境，包括资金、秩序、市场等，从而促进了地方经济的发展。地方政府并不是一个公司化的实体，而是显示出发展性，扩大了“发展空间”。③

彭玉生（Peng Yusheng）通过大量经验研究对地方法团主义进行了验证，他认为地方法团主义有效地解释了中国地方政府出现的变异行为，在此基础上，他进一步明确提出“村镇政府即公司”。④ 他通过量化分析的方法解释了乡镇企业比国有企业绩效更高的原因，乡镇企业有效地解决了委托—代理问题，避免了国企的软约束。在市场监管方面，相比国有企业，乡镇企业面临着残酷的市场竞争；在非正式私有化方面，乡镇企业或多或少具备私有产权的特点，避免了国企的产权虚无，此种模糊产权形式在改革初期更具效率；在地方政府法团主义方面，乡镇政府本质上是一个公司，由于规模较小，地方政府很容易实现对乡镇企业的有效监管。彭玉生在此基础上提出了几个基本假设：镇属企业和村

---

① Walder Andrew. *Local Governments As Industrial Firms* [J]. American Journal of Sociology, 1995, 101 (2).

② Marc Blecher. *Development State, Entrepreneurial State: The Political Economy of Socialist Reform in Xinju Municipality and Guanghan County, in Gordon White (eds.), The Chinese State in the Era of Economic Reform: The Road to Crisis* [M]. London: Macmillan, 1991: 279-280.

③ Marc Blecher, Vivienne Shue. *Into Leateher: State-Led Development and the Private Stector Xinji* [J]. The China Quarterly, 2001 (166): 368-393.

④ Peng Yusheng. *Chinese Villages and Townships as Industrial Corporations: Ownership, Governance, and Market Discipline* [J]. The American Journal of Sociology, 2001, 106 (5).

属企业在要素生产率方面差别很小，相比之下，村属企业还要强一些；村镇公司大小和规模与企业生产率之间没有相关性，即使有，也只是负相关。

林南（Lin Nan）对地方法团主义进行了部分修正，原因在于中国地方经济增长模式呈现多元化特征。通过对天津大邱庄等地的分析，他提出了“地方性市场社会主义”，这是地方法团主义在农村的具体体现。通过加入家庭网络这一重要变量，家族关系成为整合地方政府、社区、市场的重要纽带。其中地方领导能够有效动员资源参与市场，其权威来自于对地方资源的控制，而不是来自于上级的授权和意识形态。政治组织、经济组织合二为一，形成党、政、企三合一的法团组织。这个组织的核心是促进经济增长，以营利为终极目标。整个组织具备社会主义的特征，故能得到上级的支持和意识形态的鼓励；同时，又以市场为生存基础，具有较强的竞争优势。①

莫洛奇于 1976 提出了城市增长联盟理论。由于福利国家遭遇财政危机，城市官员发展经济的强烈动机和企业精英创造财富的原始愿望紧密结合在一起，形成了政治精英和经济精英的联盟。② 罗根（J. Logan）和莫洛奇后来又将劳工、工会等行动者和组织纳入到对增长机器的分析中，将之视为反增长（anti-growth）联盟的力量。③ 在中国城市增长政治的研究中，吴（Wu）指出了城市增长联盟已经在中国城市中出现。④ 朱（Zhu）和张（T. Zhang）做了富有探索性的工作。⑤

可以说，地方政府法团化的出现，源于多方面的原因，有政绩考核的压力，有追求财政利益的考虑，也有出自于地方官员的自身追求的因素。这些原因使得地方政府与企业紧密结合在一起，动员全社会资源去促进地方经济发展。特别是在苏南等乡镇经济发达地区，呈现比较明显的政府与社会共生关系。

“地方法团主义”、“地方政府即厂商”、“村镇政府即公司”、“地方性市场社会主义”等理论强调了地方政府公司化对地方经济增长的促进作用。然而，地方

① 林南．地方性市场社会主义：中国农村地方法团主义之实际运行［J］．国外社会学，1996（5-6）．

② H. Molotch. *The City as a Growth Machine*: *Toward a Political Economy of Palace*［J］. the American Journal of Sociology，1976，2.

③ J. Logan，H. Molotch. *Urban Fortunes*: *The Political Economy of Place*［M］. Berkeley: University of California Press，1987.

④ Wu F. *Urban Restructuring in China's Emerging Market Economy*: *Towards a Frame Work for Analysis*［J］. International Journal of Urban and Regional Research，1997（21）：640-663.

⑤ Zhu J. *Local Grow the Coalition*: *The Context and Implications of China's Gradualist Urban Land Reforms*［J］. International Journal of Urban and Regional Research，1999（23）：534-548.

的社会资源总量是有限的，早期的市场经济改革需要政府的推动，在建立工业基础的过程中，地方领导人为了筹集原始资本可能会以牺牲市场和企业为代价，结果，地方政府由公司性和发展性转向掠夺性。托马斯·伯恩斯坦（Thomas Bernstein）的研究表明，虽然地方政府的“发展型”定位促进了区域经济的高速发展，但由于地方普遍存在的权力寻租和腐败，地方政府的掠夺性逐渐显现出来，反而阻碍了市场经济的健康发展。①

在对杭州某区调研的基础上，萨吉森（Sargeson）和张的研究显示，地方政府既不是中央政府的利益代表，也不是地方利益的维护者，而是超越二者，成为独立的利益主体。② 当代中国地方官员表现得像企业家一样，令人惊讶。③

在此基础上，陈抗等学者的进一步研究认为，分税制改革是道“分水岭”，在此之前，地方政府对发展促进地方经济增长有着明显的作用，是经济发展的“援助之手”；分税制改革后，随着中央和地方财权事权的重大调整，地方财政资源的管理出现混乱，腐败行为突出，对地方经济增长产生了抑制作用，成为地方的“攫取之手”。政府成为市场经济的参与者，直接从中获取利益，甚至有些地方政府通过巧取豪夺，把资源直接抓到政府手中，对区域经济发展的负面作用日益加剧。④ 如张炎（Yan Zhang）对昆山乡镇和村级企业的研究中就发现了这点，即使在苏南地区，地方政府在当地的权力凌驾于一切之上，试图控制整个社会和市场，代替了市场决策，“市场导向”被“政府导向”所取代。⑤

二、国内研究现状

中国波澜壮阔的改革进程和快速的经济增长，对于我国学者也产生了极大的吸引力。围绕地方政府公司化的现象，国内学者主要从两个层面去进行分析：一是地方政府对于经济增长到底起何作用，二是地方政府公司化的危害。

---

① Thomas Bernstein. *Taxation Without Representation in Contemporary Rural China* [M]. Cambridge: Cambridge University Press, 2003.

② Sargeson, S. Zhang. *Reassessing the Role of the Local State: A Case Study of Local Government Interventions in Property Rights Reforming a Hang Zhou District* [J]. The China Journal, 1999 (42).

③ Shirk, Susan. *The Political Economy of Chinese Industrial Reform, In Remaking the Economic Institutions of Socialism* [M]. California: Stanford University Press, 1988: 358.

④ 陈抗，Arye L. Hillman，顾清扬．财政集权与地方政府行为变化——从援助之手到攫取之手［J］．经济学（季刊），2002（10）．

⑤ Yan Zhang. *Local Government and Politics in China: Challenges From the Below* [*J*]. Armonk N. Y. M. E. Sharpe, 2003.

张静用“政权经营者”来形容地方政府——由于掌握政权，可以无偿使用各种公共资源而无需付出任何代价。一方面，经营者需要发展经济，如同公司一样，因此会对地方经济发展起到促进作用。与此同时，市场经营难免会在竞争中与其他经济主体产生冲突，但由于地方政府的绝对优势，使得其他主体利益受损，从而阻碍市场秩序的正常运行。可以说，地方政府只有收益，没有风险。① 在张静的分析基础上，杨善华和苏红分析了基层政权角色的转变过程。财政体制改革使得地方政权取得了获利的行动空间，地方政府参与市场竞争，其本身转变成一个利益集团，目的就是为了满足利益集团的利益，而对国家的指令开始阳奉阴违，至于地方的福利就更不会考虑了。地方政府以经济活动为主要职能，通过掌握的权力资源去获取更多的资源，社会公共管理事务成了副业。由此，地方政府完成了由“政权经营者”向“谋利型政权经营者”角色的转变。②

周业安和赵晓男则认为，由于各地实际情况不同，各地方政府存在着明显的差异，并非千篇一律。通过以地方政府对经济发展的作用为指标，他们把地方政府分成三类：进取型地方政府；保护型地方政府；掠夺型地方政府。他们还列举了一些地方来进行说明，比如江浙地区是进取型地方政府的典型，而河南和安徽则属于保护型地方政府，赤壁市则是掠夺型地方政府的典型。③

受到西方企业家政府理念的影响，徐承彦将地方政府界定为“企业家型政府”，由于受到财政压力的影响，地方党政领导人被称为“政治企业家”，具有政治家和企业家的双重特征，既有政治家的政绩压力，也有企业家的发展经济压力。④

周雪光则认为地方政府是“关系产权”的维护者，所谓的“关系产权”，是用来描述地方政府和企业的相互关系，也就是“产权”和“关系”作为交换，企业以牺牲部分产权为代价，换取地方政府的外部环境支持；而地方政府对此通过掌握企业的一部分产权来攫取资源和获得发展动力，为企业发展保驾护航。当然，企业出卖“产权”并不是被迫的，而是市场竞争的自动选择，总体来说对企业发展还是有利的，这符合中国的国情，甚至一些外资企业也被同化。地方政府对此也非常乐意，毕竟财政压力是紧迫而现实的。双方都有动力去维持“关系产

---

① 张静．基层政权——乡村制度诸问题［M］．杭州：浙江人民出版社，2000：49-50.

② 杨善华，苏红．从代理型政权经营者到谋利型政权经营者［J］．社会学研究，2002（1）.

③ 周业安，赵晓男．地方政府竞争模式研究——构建地方政府间良性竞争秩序的理论和政策分析［J］．管理世界，2002（2）.

④ 徐承彦．论转型期地方政府公共管理行为［D］．厦门大学，2003.

权”存在，甚至会有所强化，从而各取所需。①

杨瑞龙和杨其静设计了一个“阶梯式的渐进制度变迁”模型来论述地方政府在经济发展中的作用。他们假设，中国经济改革中的制度设计是在中央政府、地方政府和市场主体三者博弈的基础上制定的，由于制度变迁是多主体供给的，因此制度变迁呈渐进式形式。在制度变迁体系里，地方政府成为中间者，连接着中央政府和市场主体。地方政府参与制度创新大大降低了改革演变成激进主义的可能性，使改革具有帕累托改进的性质。②

从政府与市场之间的关系出发，洪银兴和曹勇对转型期地方政府推动市场经济发展的作用进行了多维度的论证。他们认为，中国地方经济之所以能保持高速增长，主要原因在于地方政府发挥了市场化过程中的强力推动作用和准市场主体作用。地方政府对市场的推动作用表现在：（1）推进了市场经济区域化。包括体制改革和发展模式创新、建立市场配置资源机制、加强产业和组织协调。市场化速度来源于地方政府的有效运作。（2）地方政府弥补了不完全的计划和市场带来的发展“阵痛”，组织财政收入来提供区域公共产品和必要的社会福利，为市场化改革提供必要的保障。（3）地方政府对中央宏观调控的市场化调整，作为“企业家代理人”，增强了地方发展竞争力。（4）在市场经济制度走向完善的过程中，地方政府实现了制度创新，诸如法律制度、社会机制、市场制度以及政府自我的完善。③

在此基础上，潘维甚至提出，地方法团主义成功的决定性要素是地方权威主义能否形成，大邱庄、南街村、华西村这些村庄的成功很大程度上取决于有着强有力的领导人，至于那些基层结构涣散、组织无力的村庄，别说发展工业，连农田基本设施都难以建设。④ 陈建军运用经济学视角的引入，通过对中国经济发展最快地方——江浙的分析，认为地方经济发展离不开地方政府与企业的合作与支持。⑤

周黎安试图从另一个不同的角度理解中国的政府体制的治理特征与高速经济增长的关系，并对上述问题做出回答。他认为，“从 20 世纪 80 年代开始的地方

① 周雪光．关系产权：产权制度的一个社会学解释［J］．社会学研究，2005（2）．

② 杨瑞龙，杨其静．阶梯式的渐进制度变迁模型：再论地方政府在我国制度变迁中的作用［J］．经济研究，2000（2）．

③ 洪银兴，曹勇．经济体制转轨时期的地方政府功能［J］．经济研究，1996（5）．

④ 潘维．农民与市场：中国基层政权与乡镇企业［M］．北京：商务印书馆，2003：121．

⑤ 陈建军．中国高速增长地域的经济发展——关于江浙模式的研究［M］．上海：上海三联书店，2000：27．

官员之间围绕GDP增长而进行的‘晋升锦标赛’模式是理解政府激励与增长的关键线索之一”。① 中央政府和上级政府通过手中的行政集权，特别是掌控的人事大权来推行和实施政策，通过实施“晋升锦标赛”为注重仕途的地方官员提供了强大的刺激，此种治理模式实现了行政集权和强大激励的融合，并且政治体制的变迁并不影响这种模式的运行。周黎安认为，“晋升锦标赛”提供了强力的激励，促进了中国经济的飞速发展，但也产生了严重的扭曲性后果。

基于对地方政府公司化行为的深入反思，有的学者指出，目前一些地方政府完全背离了它应该具备的职能，摇身一变成为一个追逐利润最大化的庞大经济体，只追求片面的经济增长，从而忽略了政府的本身职能和社会责任。在此过程中，组织壮大财政收入成为地方政府的最高动力，GDP成为地方政府这个“公司”的经营收入，而财政收入变成了“公司”的剩余价值，地方政府蜕变成市场体系中纯粹追求物质和利润的公司，地方政府领导人通过集体“华丽的转身”，成为政府这个庞大公司的高管，“政绩”通过“公司”领导群体仕途的集体升迁表现出来，在公司化的过程中，行政利益集团的特殊利益实现了最大化。② 地方政府公司化的主要表现包括政府经营城市、政府招商投资、政府投资冲动、政府批租土地、政府行政审批。③ 有研究表明，各级地方政府借用多种名目投资设立的政府性公司，打着资本运作的名义进行大量的债务融资活动用以建设基础设施和公共事业项目。由于中央政府宏观调控的作用和影响、商业银行迫于压力而导致不良债务剧增以及地方政府融资制度的混乱，已经制造了大量的贷款风险，成为银行业信贷安全管理的首要风险。④

有学者认为，地方政府“公司化”在改革开放的早期和中期，对经济发展确实起到了一定的特殊作用。但是，随着社会主义市场经济体制的逐步完善，其对社会的负面作用开始超出其贡献，如果长此以往，地方社会的“治理危机”将会出现并难以治愈，而现实中也越来越呈现出这样的发展趋势。可以说，地方政府公司化既是中国经济发展的重要原因之一，同时也是导致社会不和谐的“罪魁祸首”。⑤ 如果地方政府沿着这种公司化的模式继续前进，弊多利少的局面必将严重危害市场经济和社会的正常发展，甚至产生致命的伤害。需要注意的是，即使

① 周黎安．中国地方官员的晋升锦标赛模式研究［J］．经济研究，2007（7）．

② 张占斌．“地方政府公司化”反思［J］．决策，2006（11）．

③ 刘长发．地方政府公司化体制解析［J］．唯实，2010（2）．

④ 凌华，唐弟良，顾军．公司化运作的地方政府贷款风险控制［J］．金融研究，2005（3）．

⑤ 鲁宁．地方政府公司化致豪华办公楼难绝［J］．经济观察报，2007，6（27）．

在促进经济发展的早期阶段，地方政府公司化也制造了大量的社会问题，诸如人权、环境污染、劳工利益受损等。这些问题在资本主义发展初期并不引人注意，但如今人类文明的认识突飞猛进，政府公司化产生的社会问题很容易上升为全球话题，稍不注意，全球都会关注，甚至产生强大的国际压力。① 有学者认为，近年来，政府模拟企业方式行使政府职能，其后果已经引起了社会的多种紊乱和不满。地方政府出现的一系列偏离正确方向的施政行为，都与地方政府公司化倾向有关。②

三、国内外研究思考

通过对国内外关于地方政府公司化的文献的研究、梳理，不难看出，地方政府公司化和区域经济增长存在一定的相关性，在论述地方政府公司化在促进经济发展的同时，学者们已经认识到其负面效应越来越严重，特别是随着改革的进一步深入，地方政府公司化已经成为正常市场竞争的“头号杀手”，其弊端和危害日益严重，甚至可能带来地方性治理危机。

总结已有文献，对于地方政府公司化中增长联盟的研究，呈现出如下特征：

第一，学者们对于地方政府公司化现象的研究，虽然重点在于描述和分析，特别是针对很多个案进行实证研究，希望从客观的视角去分析地方政府与经济增长的相互关系。但是，现有模型的提出，如掠夺、发展、谋利等，体现了强烈的价值诉求。事实上，对于政治和经济生活的研究，学者们不可能完全站在中立的角度去思考问题，各种研究也明显表现出学者们的个人价值偏好，同时也反映了地方政府经济行为的多样性和异质性等特征。

第二，从解释框架来说，模型化比较突出，研究者都试图用单一的概念和分析框架去解释地方政府的经济行为，这也体现了地方政府公司化现象的研究者的经济学和社会学背景。尽管模型过于理论抽象化，忽视了事物的多样性和复杂性，甚至把问题简单化。但是，这些模型还是具有很强的解释作用，至少对当时当地政府的行为描述还是很有借鉴意义的。

第三，尽管地方政府的行为千变万化，非常复杂，但研究者把握了几个关键性的分析维度，即主要是围绕地方政府与中央政府、企业、市场、社区之间的相互关系，从财政关系、分权、地方政府作用、利益分化等视角去阐述地方政府对于经济增长所起的作用，研究主题比较集中，甚至还呈现出一定的连续性，形成

① 张鸣．地方政府公司化导致制度性冷漠［J］．南方周末，2007，6（27）．

② 宫希魁．评地方政府的公司化倾向［J］．炎黄春秋，2011（4）．

了比较明显的知识积累，也为后来者的研究提供了清晰的思路。

第四，在选择地方政府的个案上，研究者或以整体的地方政府作为分析单元，或关注其中的一个层面，特别是对乡镇政府的研究最为集中，对其他层级政府的研究相对缺乏。对于乡镇政府的关注，可能源于社会学对于农村问题的关注，以及基层资料收集的简便。对于省级政府的关心，在于文献和资料比较集中，样本总体也有限，分析单元比较简单。对于其他政府层架的研究则相对缺乏，表明地方政府公司化还有很大的研究空间和视角。

第五，偏重于地方政府经济作用的分析，忽视了很多重要的因素。中国经济增长的奇迹，绝不可能是单一的地方政府和市场相互作用的结果，别的原因不考虑，30多年来中国亿万民众的辛劳和汗水，就是一个非常重要的因素。因此，研究层面的扩展和更多因素的考虑，也是未来研究需要关注的问题。

根据已有研究成果，在此基础上，还可以对地方政府公司化进行进一步的研究和分析。

第一，在比较分析的基础上，结合政治学、经济学、社会学和管理学的已有成果，引入更多的变量，分析地方政府公司化和地方经济增长的相互关系，明晰地方政府的经济行为，提出更具普遍意义的解释框架。尽管不同区域、不同层级、不同发展水平的地方政府，其行为存在巨大的异质性，但比较基础上的统一研究应该是可行的。

第二，拓展地方政府公司化的研究主旨和分析视角。对于地方政府公司化行为的演变逻辑，除了要考虑财政压力、税制、分权、利益等变量外，还应对地方政府在改革开放后的决策过程、管理体制、权力结构、绩效考核等制度结构性因素进行全面的考量。

第三，西方掀起的“新公共管理”运动改革浪潮，学习企业家精神，实行“政府再造”，构建企业家政府，但西方国家的政府并没有因此而直接介入市场竞争，反而更加超脱于微观经济管理，致力于建立“顾客导向”型政府，不断改进和提高公共产品供给的方式和质量，为民众提供更好的公共服务。而我们的地方政府公司化，能否在现有的国情和政治体制下，找到切实可行的治理措施。为此，需要进行拿来主义的研究，分析西方国家政府的经济行为，在比较研究的基础上找出其深层次原因。

第四，中国自古有“郡县治则天下安”的古训，随着中国经济的快速发展，政治和行政体制改革的必要性越来越凸显，在地方政府层面，现有的研究大多关注省级和乡镇级面板，但是市县，特别是县一级的政治改革重要性愈发凸显。乡镇基层的选举改革为县治提供了有益的经验探索，而作为国家在地方的代理人，由“县政中国”向“宪政中国”的飞跃，需要加强和改进中国县级政府的行为，使之成为破解政治体制改革的出发点。

总之，关于地方政府公司化中增长联盟的研究，不管是理论分析还是经验描述，决不能只停留于社会学和经济学的研究，还必须充分利用各种学科资源，特别是政治学、行政学等学科的引入，因为中国地方政府的行为，受到太多政治因素的约束，同时还有体制内外的影响。同时，中国传统的政治、经济和文化传统浸润到中国现代政治领域，因此，还必须对几千年的传统和儒家文化以及民族性格等因素进行分析。

第三节 研究内容与研究方法

一、研究内容

本书的研究拟分列3个子项目，其一是基础理论研究子项目，系统地梳理地方政府公司化与增长联盟的基础概念、历史变革和发展趋势，分析两者的内在逻辑关系。其二是理论假设子项目，在总结既有理论的基础上，提出地方经济发展与增长联盟的相关性理论，以及增长联盟的内部复杂博弈关系与增长联盟与反增长联盟的均衡性等相关性理论。其三是理论对策子项目，提出具体的对策。具体内容有以下几点：

（一）地方政府公司化中的增长联盟的基础理论分析。系统地梳理地方政府公司化与增长联盟的概念界定、历史变革和发展趋势，考察不同语境下中西方增长联盟的异同点。

（二）转型过程中地方增长联盟的形成。客观地描述从20世纪70年代末改革伊始到今天，在地方政府公司化的过程中，地方增长联盟的形成过程。

（三）地方增长联盟的生成逻辑与内部关系。从市场化改革的路径中去寻找增长联盟形成的制度背景，特别是从经营城市和房地产市场发展两个领域去探寻，同时揭示增长联盟内部的复杂关系。

（四）地方增长联盟的政治经济影响。地方增长联盟的形成和强化使得地方政府出现了非合作博弈，对中央政府的政策采取抵制和消极执行的策略，地方离心力加大。地方政治经济势力的融合增加了利益集团的危害性，公众的利益受到侵害，社会发展事业萎缩。

（五）反增长联盟的出现。由于增长联盟的出现损害了社会一部分群体的利益，特别是利益严重受损者也开始组建反增长联盟。采用比较分析的方法，分析中国反增长联盟的特点及发展趋势，以及反增长联盟采取的应对措施。

（六）地方政府公司化中的增长联盟拆分路径。从政治体制改革和基层民主健全、中央地方财权事权的改革重建、财政预算的民主与公共财政的建立、绩效评估的完善与问责制度的构建等视角去分析应对地方增长联盟的措施。

（七）结语。简要梳理全书的研究内容和主要观点，并对后面进一步研究提出展望和设想。

二、研究方法

正确方法的使用，既有助于有效地完成研究任务，而且能够产生事半功倍的效果。研究方法的采用，既可以充分吸取其他研究的养分为我所用，又必须根据本书研究对象的特殊性，从实际研究出发，方能达到预期的研究效果。

（一）制度分析的方法。政治制度约束着人们的政治行为，地方政府公司化中的增长联盟形成研究涉及中国社会转轨和制度变迁的复杂环境，分权化改革后的地方政府是经济发展中一个特殊的制度变迁主体，运用公共选择理论和制度经济学的机会主义理论，对地方政府的行为特征作出理论假设；其次运用制度与行为分析对地方政府的目标函数和经济行为进行研究；再次，在分析增长联盟形成及内部关系时，大量运用委托—代理理论、机会主义理论等制度分析的方法。

（二）比较分析的方法。我们对于增长联盟的认识还比较肤浅，因此对多个国家增长联盟与反增长联盟关系中的政府行为进行现实比较和理论分析，以期为我所用，实现“拿来主义”的目标。同时，国内各地方出现的增长联盟出现了多样化的局面，选择代表性样本地区进行对比分析，有助于深入认识我国地方增长联盟形成的共同规律。

（三）定性与定量研究相结合的方法。定性分析是对研究对象的特征、本质及其发展过程进行的抽象理论思维；定量分析主要是通过模型和数据对研究对象进行具体的量化分析。课题的分析以定性分析为主，对地方政府公司化中各主体的行为效应给出抽象的理论思考和说明；同时也适当借助定量分析，用数量分析来加强理论研究的精确性。

（四）博弈分析的方法。地方经济发展中存在着众多的利益相关者，不同的政策抉择和力量博弈都会形成中央政府、地方政府、利益集团、民众四种主体之间截然不同的利益格局。无论是在增长联盟内部对利益的分配，还是增长联盟和反增长联盟之间的力量对比，又或是反增长联盟内部的利益争夺，其本质就是一个利益博弈、此消彼长的过程。因此本书运用博弈论方法对增长联盟形成过程中相关利益主体行为的博弈过程及结果进行考察论证，展示其利益诉求及其行为方式，从而揭示各种社会主体复杂斗争背后的行动逻辑。

第四节　可能的创新点

（一）厘清地方增长联盟内部的关系。地方政治势力和经济势力组建了共同体，在中国语境下，可能有更多的强势势力参与其中，形成了“总体性精英”。但其内部的关系也异常复杂，充满了利益的争夺和博弈。

（二）增长联盟与反增长联盟的非均衡性异常突出，在力量严重非对称的前提下，反增长联盟采取了哪些措施才能取得成功。地方政府压制反增长联盟与反增长联盟的反抗对于地方政府治理结构和决策机制产生了深远的影响，完善基层民主必须充分考虑这些问题。

（三）政党官僚制的解体呼唤新型治理结构的重塑。中国通过政党内部官僚系统对经济社会生活实施有效的运作，从而支撑政府的运转和公共管理的实现，但机会主义的出现从某种程度上消解了政党官僚制的有效运作。如果继续依靠执政党的高度统一来实现政治运作，必然会带来一系列体制困境。因此，引入公众参与、完善基层民主等政治体制改革，打造新型治理结构已刻不容缓。

第五节　不足之处

地方政府公司化中的增长联盟涉及地方政府、企业、公众、专家学者、利益相关者等多个主体之间的复杂关系，在增长联盟与反增长联盟之间，增长联盟和反增长联盟内部存在着复杂的互动关系，局限于既有研究视角使得本书的研究存在着有待进一步研究的地方。

（一）地方政府公司化中增长联盟的出现不仅仅是政治精英和经济精英的结合，还有更多的参与者涉及其中，使研究对象变得更加复杂化，因此要重视参与者（stake holder）互动，并且考虑更多的参与者，如不同所有制的企业、专家、农村社区等，因为联盟形成的过程和参与者之间的互动（stake holder interaction）是研究增长联盟的两个重要方面。

（二）受到各种复杂因素的影响，地方各个层级的政府公司化的表现差异非常明显，由此产生的增长联盟形态也出现了多元化的局面，试图用一种模式去解释很难做到。对于省级政府层面而言，更多的是考虑到了对于中央的政治承诺，经济考核压力相对较轻。增长联盟更多地体现于市、县、乡一级，由于这三个层级的政府数量多，数据资料的可获得性和真实性相对来说更加复杂。如何选择代表性样本，以及样本数据的甄别需要付出更多努力。

（三）测度地方增长联盟的稳固系数需要设计多个指标，指标选择的相关性以及权重的分配除了定性分析之外，还需要定量的分析以及样本假设的验证。

第二章　地方政府公司化中的增长联盟研究缘起

第一节　相关概念的界定

一、地方政府

关于地方政府，不同国家、不同学者都有不同的看法。英国的《不列颠百科全书》将地方政府解释为“当地的政府”、“本地的政府”，指那些对所在区域进行直接治理的政府。美国的《美利坚百科全书》指出，“地方政府在单一制国家里，是中央政府的分支机构，在联邦制国家里，是联邦成员单位政府的分支机构”。政治学者查尔斯·A. 比尔德在《美国政府与政治》中认为地方政府就是州的下属政府。在我国，《辞海》将地方政府界定为地方负责行政工作的机关。

由此可以看出，地方政府概念的不同，源于多重因素。联邦制国家和单一制国家的界定就存在很大的区别，地方政府到底是指代单纯的行政机关，还是包括立法和司法机关也有很多争议。由于地方政府的概念界定并不是本书关注的重点，本书认为，地方政府就是由中央政府为治理部分地域公共事务和社会事务而设置的政府单位。在我国，主要包括省级（包括自治区、直辖市）政府、市级（包括自治州）政府、县级（包括自治县政府）、乡镇政府。

二、地方政府公司化

地方政府公司化是国外学者在研究地方政府在中国经济迅猛增长中的角色而提出来的一个概念，用来描述地方政府的行为，也有学者称之为“地方政府企业化”。① 地方政府党委书记和行政领导如同董事长和总经理，地方公务员

① 目前国内有关的研究有的称为“地方政府公司化”，有的称为“地方政府企业化”。虽然企业的涵盖范围包括公司，但地方政府的行为模式本质上是一样的。因此，本书的研究把两者视为同一概念。

是公司职员，GDP 变成公司的营业收入，财政收入则是公司的利润，其业绩表现为领导群体的升迁。在公司化的过程中，地方政府忽视了提供公共服务和社会管理的职能，变成了追求自身利润最大化的实体，视追求经济增长、提高财政收入为最终动力，最终实现行政集团利益最大化。

三、增长联盟

美国学者莫罗奇在分析美国城市经济发展的时候，提出了增长联盟理论，“地方官员对于发展地方经济有着强烈动机，而经济精英对于聚敛财富则有着强烈的冲突，二者在基于土地的基础上形成了政治精英和经济精英在城市中的联盟，并决定了城市政治、经济和社会的发展方向，而联盟形成之后的城市行政体系则被形象地称为一部‘增长机器’”。① 他认为，城市就是一部增长机器，美国任何一个地方体（Locality）的本质就在于增长。② 集中资源，追求经济增长是地方工商界精英的利益之所在。增长联盟的共同体包括了企业经济团体、土地开发商与房产经纪商、银行金融部门、律师这些关键行动者，这一增长共同体依靠联盟的力量，利用城市政体的运作影响甚至参与城市发展决策，把联盟的意识形态上升为城市战略。

在中国语境下，增长联盟是在政府主导型市场经济的发展过程中，由于发展经济的强烈冲动，在 GDP 考核指标的指挥棒下，一些地方政府与企业利益集团结成了官员—企业家联盟，通过公司化一体化的运作，从而实现政府政绩扩大化和企业利润垄断化。

四、企业家政府

本书中的“地方政府公司化”和“地方政府企业化”是一个概念。有人认为地方政府企业化和企业化政府是同义词，在理论和实践中也经常出现混淆。事实上，企业家政府的出现源自于西方新公共管理运动的兴起。这场席卷全球的改革浪潮倡导用企业家精神来重塑政府，主张借鉴企业的先进管理经验和技术，来改革和创新政府管理形式，克服官僚主义弊端，使政府变得更加富有活力和效率。其倡导者奥斯本和盖布勒提出了企业家政府的十项基本原则，强调用企业家精神来代替官僚制，实现政府再造，其基本价值取向是在政府内部用企业家精神

---

① J. Logan, H. Molotch. *Urban Fortunes*: *The Political Economy of Place* [M]. Berkeley: University of California Press, 1987.

② Molotch, H. *The City as a Growth Machine* [J]. American Journal of Sociology, 1976, 82: 309-332.

塑造政府，最终目的是提高政府治理能力，更好地为公众服务，建立“顾客导向”的政府。①

可以说，地方政府公司化和企业家政府有着本质的区别，地方政府公司化的受益者是地方行政集团，而企业家政府的建立则是为了提高政府管理效率，实现公共福祉最大化。当然，在建立企业家政府的过程中，政府可能采取一些公司化的做法，但只是政府管理模式的改革，而地方政府公司化则是地方政府行为的变革。尽管地方政府公司化的行为提升了竞争能力，提高了管理效率，但是公众的利益并不一定得到实现，甚至往往受损。

五、城市经营

城市经营理念的实践者最早是大连，由于大连的基础设施建设和城市面貌取得了巨大的进步，因此很多地方政府纷纷仿效，以至于成为中国城市发展的新一轮盛宴，“言必称经营”。经营城市的本意是通过市场化的手段来筹集城市发展的建设资金，以推动城市的进步。但很多地方政府歪曲了这个概念，使得城市经营的有效性大打折扣，甚至严重损害了社会的长远发展和民众的整体利益。

在地方政府公司化的过程中，由于城市的投资收益远高于乡村，因此，城市成为地方政府公司化的主战场。发展城市，需要获得大量建设资金，因此，运用市场化手段将城市资产资本化，成为城市经营的普遍手段。事实上，城市经营并不是由中国发明的，西方早已经有这个概念，但中西方出现了明显的区别。虽然都以市场化为手段，充分利用城市现有资源，用心去经营，但西方在城市经营的过程中，首要宗旨是提高城市公共服务效率，维护公共利益。我们今天的城市经营理念，打上了很强的本土烙印，在加快城市建设、改变城市面貌、提高城市管理效率的同时，也出现了引发社会矛盾的一系列问题，如圈地卖地现象盛行、损害农民利益、资本和权力勾结等危害严重现象。在城市经营的过程中，一些城市“比欧洲还欧洲”，而当地农村却是“比非洲还非洲”，政府行为出现了严重的异化。更令人感到担忧的是，学者、政府官员、房地产商在这个问题上取得了高度的一致，宣称“城市经营和土地运营”时代已经来临。我们的城市经营从开始就走入了歧途，以资金获取为首要目的，在缺乏必要监管的前提下，城市经营的资金并不是为了更好地履行公共服务的职能，以政府和房地产商为代表的联盟成为最大的获利者，公共福利则最大化地遭到侵

① ［美］戴维·奥斯本，特德·盖布勒．改革政府——企业家精神如何改革着公共部门［M］．上海：上海译文出版社，2006：12.

蚀，手段变成了目的，长此以往，将会引发巨大的道德风险。

可以看出，经营城市实际上是地方政府公司化的外在表现形式，集中体现了地方政府追求经济利益最大化的行为取向。两个概念在本质上是相同的。

第二节　中西方地方政府转型的异同

治理地方政府公司化，是一个系统的工程，这里我们要思考的是，同样是地方政府行为的转型，西方国家却走出一条既能提高政府管理效率、又能提供良好公共服务的路子。我们要借鉴西方发展的路径，就必须对中西方地方政府转型行为进行比对分析。特别是增长联盟的形成，中西方有着同样的时代背景，但却走出了不同的发展路径，分析其异同意义凸显。

一、转型的总体背景

对西方国家地方政府的转型，我们可以概括为企业家政府的构建，这个过程的建立，是在传统官僚制面临着困境，政府出现合法性危机之后出现的。在经济全球化的背景下，各国政府的竞争集中表现为以科技为基础的综合国力的竞争，而其中政府的治理能力也是核心因素之一。在市场竞争瞬息万变的情况下，各国政府都在进行分权化改革，政府对市场的干预力度下降，中央对地方的控制力逐步削减。国家内部也面临着激烈的竞争，地方政府有着强烈的愿望去发展经济，充实地方财力，以提供更好的公共产品。可以说，中西方地方政府转型的总体背景是相似的。差别在于我国的地方政府转型是处于市场体制还不完善的前提下进行的，市场机制的健全和完善还需要政府的给力支持，从而给政府插足市场提供了机会。同时，西方国家有着比较悠久的地方自治传统，地方政府和民众之间存在着很强的契约关系，公众对于地方政府议程建立和政策执行有着非常重要的影响，因此，地方政府的谋利行为受到强有力的监督和制约。

二、转型的目标

在完全竞争市场环境下，特别是经济全球化使得商品和各种生产要素在全世界范围内自由流通，地方政府被迫参与市场竞争，因为地方自治型政府无法从中央政府那里获得大量的财政支持，在蒂博特（Tiebout）模型里，人们用脚投票，为了吸引人力资本和生产要素，地方政府必须在尽可能高效地提供公共产品和服务的同时，努力降低税收，这样才能真正留住各种生产要素和人才，从而促进经济发展，增加税基。此种环境下的西方地方政府行为，必须考虑成本和收益分析，向企业家学习，建立企业家政府，以促进地方经济的快速发展，从而增加财政收入。在这里，经济增长和财政收入提高是统一的。

反观中国，改革开放后，通过分权改革，地方政府获得了较大的自主权，同时也承担了大量的提供公共产品的责任。分税制改革使得地方政府获得了财政收入的自主权，为地方政府行为转向提供了强大的动力和刺激。特别是中央和地方在财权和事权方面的严重不对等，“中央请客、地方买单”的现象比较突出，为地方政府获取财政收入赢得了制度空间，而相应的考核措施使得地方政府官员的政绩提升和经济增长紧紧地捆绑在一起。因此，中国地方政府的目标是通过促进经济增长从而使财政收入最大化，由于财政收入最大化可以通过其他手段获得，而不仅仅依赖于经济增长，因此，这两个目标并没有统一，而是相对独立的，可以说，促进地方财政收入最大化才是地方政府的主要行为指向。

三、转型的内容与方式

西方企业家政府转型的主要特征是市场化，也就是将原先由地方政府承担的各种公共事业交由市场去提供，一部分公共事务私营化，通过出售、转让等方式交给企业经营。打破传统官僚体制的束缚，在政府管理中引入私营企业的管理理念和方法，强化竞争手段，以提高政府的管理效能，减轻地方政府的压力，实现地方公共管理的良性互动。同时，地方政府和私营企业、团体组织开展了广泛的合作，形成了新型的伙伴关系，共同促进经济的增长。

相比之下，我国的地方政府行为复杂多了，除了包含西方企业家政府的全部行为之外，还包括很多独特的行为特征。利用管理地方公有资产的权力，作为地方公企的产权主体，地方政府往往超越自己的职能，由市场的旁观者变成市场竞争主体，通过法律和行政等手段强势介入，其目的就是为了获得大量财政收入，行政手段取代了市场手段，地方保护主义盛行，短期内确实增加了地区的财政收入，但却维持不了长期的经济增长，而且长远来看会严重危害地方经济社会的发展。

第三节　研究的理论基础与分析框架

一、理论基础

（一）公共选择理论及“经济人”假设

20世纪30年代以前，传统经济学描绘了一个完美的世界，“看不见的手”在后面自动运行。在这个体系内，市场经济通过完全竞争实现了社会资源的最优配置，达到了帕累托最优的理想境界。但是，发源于美国进而遍及整个资本主义世界的经济大危机无情地粉碎了“市场至上”论，人们开始意识到，市场不是万能的，市场也会“失灵”。凯恩斯主义应运而生，成为人们的救命稻草。

凯恩斯主义主张实行政府干预，放弃自由放任主义，“看得见的手”应该发挥应有的功能和作用。在经济大危机的危难当头，凯恩斯主义犹如一剂救世良方，被资本主义的主流誉为至尊法宝。20 世纪 50 年代至 70 年代，“二战”之后的二十年是整个资本主义发展的“黄金”二十年，人们普遍认为是凯恩斯主义的功劳。因此，凯恩斯主义成为主导经济学发展的主流，各国政府纷纷按照其理论指导，普遍实现政府干预主义。

然而，“三十年河东，三十年河西”，凯恩斯主义并没有成为永恒的法则，随着政府干预成为主流原则，凯恩斯主义的局限性和不足也逐渐暴露。特别是石油危机后，资本主义经济面临新的“滞涨”危机，财政赤字日益严重，福利国家出现严重财政危机，特殊利益集团攫取了大量社会财富，政府的形象大打折扣，人们普遍对政府产生了怀疑，政府出现了合法性危机。公共选择理论的目的正在于揭示“政府失灵”并寻找挽救的措施。“市场的失灵并不是把问题交给政府去解决的充分必要条件，政府的干预也存在缺陷，至少和市场一样严重”①。

在社会生活中，人民面临着很多选择，公共选择理论把研究对象限定于公共选择上。在公共选择理论看来，相对于个人选择而言，公共选择是通过政治决策过程和人们的集体行动来决定资源如何在公共产品上实现分配，也就是公众选择通过政治决策过程来确立公共产品的需求与供给以及相应的数量，公共选择过程实际上是通过政治过程把私人选择上升为集体决策的一种程序或手段，通过非市场行为对资源进行配置优化。公共选择理论的方法论被布坎南总结为三个方面：其一是个人主义，它是微观经济研究的起始点，从某种程度来说，集体行为分析的出发点也是个人主义，公共选择理论关注个体行为如何通过政治过程而对整个社会发生作用；其二是经济人假设，公共选择理论认为人是利己的动物，其行为的目的是为了实现个人利益的最大化。在私人市场上，个人遵循“经济人”的假设；在政治领域，人们的行为目的依然是追逐个人利益，而公共利益则被抛之脑后，因此“由个人组成的国家或政府不应被看成是以大众利益服务为目的的”②；其三是交易政治，如同市场上存在大量交易一样，在政治过程中，为了解决利益冲突，有时通过交换来满足各方利益也是明智之举。

① Buchanan, James, M. *The Theory of Public Choice* [M]. Ann Arbor: The University of Michigan Press, 1972: 19.

② [美] 詹姆斯·M·布坎南. 自由、市场与国家——80 年代的政治经济学 [M]. 上海：三联书店，1989：29.

公共选择是一种对政治的看法，它是在把经济学家的工具和方法扩大，应用于集体的或非市场的决策的过程中产生的。① 传统上，政治学研究公共领域，假定个人推销他们在公共利益中的主张，他们的观点受公共精神鼓舞，目的在于寻求社会福利的最大化。然而，公共选择理论认为所有的政治行动体，包括选民、纳税人、候选人、立法者、官僚、利益集团、政党和政府，都和在市场中一样，在政治活动中追求个人利益的最大化。在行为能力内，人们被认为是理性利益的最大化者。也就是说，在公共选择模型看来，人们在市场行为和政治行为中都是为了追求自己的利益，尽管存在自私的动机，他们仍然能够通过集体决策实现各自利益，政策的制定只不过是政治行动体实现各自利益的一个方法。根据这一理论，投票者可以比作消费者；压力集团可以被看作是政治消费者协会或有时是合作者；政党成为企业家，提供竞争性的服务和税收来与投票者作为交换；政治宣传等同于商业广告；政府机构是国营企业，依赖收到或者招来足够的政治支持来支付他们的开支。

公共选择理论的提出，对于现代政治学和经济学的研究具有深远的影响，在方法论上实现了重大创新。从政治学的分析视角上看，公共选择理论运用经济学的分析视角切入政治过程及其对象，打破了政治与经济之间的藩篱，为政治学研究创新了研究途径，开拓了政治学的研究视野，为现代政治学补充了大量有益的养分。从经济学的角度思考，传统经济学排斥了对国家、政府、利益集团、选民的研究，把它们视为经济过程的外生变量，这与事实严重不符。公共选择理论把政治过程纳入经济学的分析框架中，填补了经济学研究的这一重大缺陷。从实践上看，公共选择理论对市场经济条件下政府干预行为的局限性及由此产生的各种严重后果进行了精辟的理论分析和发人深省的提示，它在某种程度上打破了政府及其官员一心为公的“神话”。但是，公共选择理论的假设把人性看得过于简单，以一种单一的模式去审视公共决策者，未免把问题想得过于简单，也招致了很多学者的批评。

公共选择理论的“经济人”假设，同样对于研究中国语境下的地方增长联盟有着十分重要的价值。长期以来，传统政治学信奉的公共利益理论一直占据主导地位，而且我们也更加强调和重视代表公共的国家利益和集体利益，从而忽视甚至不承认个人利益；对于政府，我们也一直以一种整体价值观来看待。这既不符合理论上的假设，在现实生活中更是显得苍白无力。理论假设必须反映和解释现实生活，否则就是无源之水、无本之木。改革开放后，各种利益和价值诉求日益

---

① ［美］詹姆斯·M·布坎南．自由、市场与国家——80年代的政治经济学［M］．上海：三联书店，1989：29.

凸显，在地方增长联盟的形成过程中，中央政府、地方政府、企业利益集团、市民、农民等都有着各自的核心利益，而且很难通过个人利益服从整体利益、地方利益服从国家利益、短期利益服从长远利益等原则来进行协调。因此，承认“经济人”假设，重视各个利益主体的价值诉求，在此基础上通过制度化的协商途径去达成利益分配，不管从理论上，还是实际应用方面，才是现实可行的。

（二）委托—代理理论

20 世纪 30 年代，美国经济学家伯利和米恩斯（Berle and Means）在研究中发现，企业的所有者如果同时兼任经营者，则这种一身而兼两任的做法存在严重的缺陷。在分析弊端的基础上，他们提出了委托—代理理论，也就是企业所有者只保留剩余价值的索取权，而把经营权利委托给职业经理人，实现所有权和经营权的分离。

委托—代理理论建立的基础是非对称信息博弈论，主要分析委托代理关系。特定的行为人及组织根据合同或约定，授权、雇佣或指定其他组织或个人为其服务，在服务中，授予其他行为主体代为履行相应的权利，并依据其提供服务的质量和数量支付一定的报酬。在此基础上形成了委托—代理关系，授权者成为委托人，而被授权者则成为代理人。

在实际的委托—代理关系中，委托人和代理人的效用函数存在着极大的差距，委托人希望剩余价值最大化而且能够长期保持，而代理人追求的则是个人报酬和闲暇时间的最大化，同时利用代理机会实现奢侈品的消费。效用函数的不一致必然产生利益的冲突，如果没有有效的制度安排和充分的监管控制，代理人在追求与实现利益最大化的同时必然损害委托人的利益。不幸的是，人类社会的所有领域——政治、经济、社会领域，委托—代理关系都广泛存在。

一般情况下，如果实现了信息的对称，委托人就能够了解、观察到代理人的行为，并根据自身的观察了解奖励或惩罚代理人，此种情形下，资源配置的帕累托最优能够实现，而帕累托风险分担亦可达成。如果信息是非对称的，由于代理人占有信息优势，委托人对代理人的行为并不能洞若观火，能否观测到相关变量，是由一些随机因素和代理人的行为决定的。在非对称的委托—代理关系中，委托人无法通过强制契约来迫使代理人作出委托人所希望的行为。

经典的委托—代理理论可以总结概括为四个方面：（1）市场形成委托—代理关系的产权基础有两点：私有产权边界非常清楚；行为主体有自由选择的权利。（2）委托—代理主体之间的信息不对称。委托人处于信息劣势，相比之下，代理人因处理具体事务而实际上拥有信息优势，委托人很难对代理人的行为实施有效的监管。（3）委托人和代理人的效用函数存在着利益冲突，代理人利用信息不对称和契约的不全面追求自身利益最大化，严重损害了委托人效用的满足。（4）如何建立有效的代理人激励和约束机制，成为委托—代理理论研究的出发点和着落之处。也就是通过制度的完善来实现代理人和委托人利益的均衡，使代理人在实现自身利益最大化的同时尽可能增进委托人的效用。

虽然传统的委托—代理理论的适用范围主要针对的是企业所有权拥有者和经理人，打上了很强的"企业化"烙印。但是如果引入公共选择理论的基本假设，我们不难看出，"经济人"假设同样适用于政府官员的行为，政府的行为在某种程度上也是为了促进自身利益最大化，因此，委托—代理理论同样可以在政府的行为分析上大显身手。

根据公共选择理论的分析，地方政府的行为模式与企业存在相通之处，地方政府官员和企业经理人员同样都属于社会的管理阶层。地方政府官员基于国家、政府、社会、企业、民众等利益团体的公共选择契约而成为特殊利益集团，在官僚制的结构模式下运行。政府官员"一心为公"的神话并不存在，他们也是追求自身利益最大化的行为团体，有着官僚体制赋予的特殊信息优势，作为中央政府在各区域治理的代理人而提供公共产品和社会服务。因此，从这个视角出发，地方政府官员在行政区域治理实践中，与中央政府形成了事实上的委托—代理关系，具体可以从三个方面去进行分析。

其一，根据钱颖一等人的分析，如果从信息获取的来源可以看出，"在中国等级森严的官僚制中，地方政府由于处在与社会更接近的层面，更能接近信息现场，在信息获取方面更为便利，相对于中央政府来说，更能获悉行政区域内经济和社会发展现状及存在问题"①。其中表现得最为明显的是乡镇政府，由于其处于整个政府治理的末梢，与民众的关系更加紧密，上级政府的决策均要依靠乡镇政府的执行来实现。因此，乡镇政府作为国家与社会的接触点，与社会各行为主体的交往更加直接，也最容易获得第一手的信息。由此可见，就各地方发展实际来说，中央政府和地方政府存在严重的信息不对称，中央政府很难获取来自于基层的真实消息，特别是地方政府如果刻意隐瞒的话，中央政府和上级政府的信息链在基层就会被割裂。地方政府拥有更多的信息优势，这也是地方增长联盟难以破除的重要原因。

其二，对于统治者而言，在社会总产出最大化的同时实现垄断租金最大化是其行为目标，显然这是一个充满冲突和矛盾的目标组合。当然，可以通过制定发展政策，完善社会制度，从而降低交易成本，保持政治的持久和社会的稳定，使社会的政体福利实现最大化。作为最高决策层的中央政府，其目标函数是社会整

① Qian Yingyi, Cheng GangXu. *Why China's Economic Reforms Differ: the M2 Form Hierarchy and Entry P Expansion of the Non2 State Sector* [J]. Economics of Transition, 1993, 1: 135-170.

体利益最大化和长远化。这即是理论上的假设，中国建设和改革的历史也很充分地证明了这一点。改革开放以后，由于中央政府实施了分权化改革，客观上强化了地方政府的独特利益，而且在现实中表现得异常突出①，地方政府之所以参与制度变迁的革新，其缘由在于对本身利益的强烈追逐②，地方政府通过开发运作本地的信息和资源来增强自身实力的欲望被强烈地激发出来，而中央政府的委托目标很有可能被地方政府所忽略。

其三，中央政府作为委托人，为了保证社会整体利益的实现，通过制度安排和激励措施，使地方政府能够按照中央政府的目标要求尽职尽责地施政。地方政府作为代理人，尽管存在自身利益最大化的强大欲望，但在中央政府的约束下，会根据委托人的政策安排来作出自己的行为选择。如果建立有效的约束—激励机制，委托人和代理人利益的最大化都有实现的可能。

在经济市场中，企业经营管理者追求的是剩余价值的控制权，与此逻辑相似的是，在政治市场中，地方政府官员追求的则是个人的“控制回报权”。帕金森（Parkinson）通过对政府机关工作量、时间和工作人数三个变量的研究，在此基础上提出了著名的帕金森定律（Parkinson's Law）：完成多少工作量与工作人员数量的增减没有相互关联，也就是说，工作人员数量并不受到工作量增减的影响。对于政府官员而言，增加下属是一种强化权力的本能③。公共选择理论精辟的分析认为，基于“经济人”的假设，在政治市场中决策的政府官员与企业经营管理者类似，都追求个人价值的最大化。就政府官员的个体效用函数而言，主要有两大部分：货币化收益与非货币化收益。货币化收益，即金钱收入，包括公务员的工资收入、津贴福利和公款消费等；而非货币化收益，即非金钱收入，包括社会名誉地位、个人形象、工作成就感、社会资本以及对支配权力的动力。就政府官员而言，非货币化收益与货币化收益的作用等同，特别是在处于“官本位”体制下的中国，非货币化收益往往更得到公务员的青睐和重视，这也是“国考热”背后的真实谜底。

在非货币化收益中，政府官员的“控制权回报”体现了个体对权力的自由支配度，对政府官员来说，这是非常大的刺激。根据这种假设，政府官员总希望控制越来越多的资源、管理越来越多的下属，从而增加权力的“含金量”和职位的

---

① Qian Y. , B. Weingast. *China's Transition to Markets*：*Market 2 Preserving Federalism*, *Chinese Style* [J]. Journal of Policy Reform, 1996, 1 (2)：149-185.

② 杨瑞龙．我国制度变迁方式转换的三阶段论——兼论地方政府的制度创新行为 [J]. 经济研究，1998 (1).

③ 丁煌．西方行政学理论概要 [M]. 北京：中国人民大学出版社，2005：167.

影响力，这也解释了现实中政府机构不断膨胀的怪圈难以消除的根本原因，也阐释了一些政府和部门不断追求升格升级的本质。因为，工作岗位的增加，管理下属的膨胀，在某种程度上扩大了政府官员的权力，提高了政府官员的地位。根据经济学的分析框架，地方政府官员追求的“控制权回报”实际上是中央政府与地方政府委托—代理契约不完整的表现，也是不同层次政府之间专业分工合作的必然后果，是一种溢出的剩余权利。

撒涅尼指出，政府官员因为拥有行政权力而产生的个人控制权既可以产生极大的个人效用，满足官员的特殊利益，同时也是一种体制资本①。这种岗位的控制权和物质资本类似，具有保值增值的特殊功用，在一定的前提条件下能够转化为经济资本，为控制权的持有者带来实实在在的个人利益。因此，地方政府官员不断追求个人控制权的扩张，这种内在化的激励冲动与企业经营管理者不断追求扩大企业投资规模的机理是一样的。大量的研究和事实清晰地表明，作为代理人的经营管理者在利用委托人的资本进行生产经营时，往往产生扩大规模的强烈冲动，尽管这种扩张带有极大的风险，但代理人并不关注这种风险。因为对代理人来说，一旦投资成功，代理人可以获取更多的收益。如果投资失败，损失自然由委托人买单，代理人并不会有什么损失。高回报的收益率与低损失的风险承担，导致企业代理人有强烈的扩张冲动，正如缪勒所分析的，企业代理人对规模扩张的需要远远超过对利润的追逐②，对于企业代理人来说，扩张个人控制权的边界是通过不断扩大企业投资规模来实现的。相似的逻辑是，地方政府官员追求个人“控制权回报”的主要路径是地方整体社会规模的增加和地方资源的无节制开发利用。

地方经济建设的规模扩张对于扩大地方政府官员的个人控制权十分有利：其一，地方经济规模越大，财政资金和物资资源实力越雄厚，政府官员的货币化收益和非货币化收益越多，各种物质利益越大，其个人成就感、资源支配能力效用越强。所以很多地方千方百计进行升格升级，根源就在于此。其二，地方经济社会规模越来越大，而使整个社会区域治理结构非常庞大，其结果是中央政府的控制和监管代价非常高昂，对于地方政府的监管和约束无疑会极大地弱化，在某种程度上反向增加了地方政府官员的个人控制权。其三，由于掌控着雄厚的资本和庞大的人群，经济规模的扩张有助于增加地方政府手中可用之“牌”，使其谈判

① Szelenyi, Ivan. *Social Inequalities Under State Redistributive Economies* [J]. International Journal of Comparative Sociology, 1978, 1: 61-87.

② Mueller, D. C. *A Theory of Conglomerate Mergers* [J]. Quarterly Journal of Economics, 1969, 83: 643-659.

实力更强，在中央政府和地方政府的博弈之中占有更加有利的位置，也有利于获取更多的资源和政策支持，在行政自主性上占有更大的优势。

除了理论上的分析之外，改革开放以来，特别是分税制后，地方政府官员扩大个人控制权的狂热冲动十分强烈，为了增加地方投资规模，不惜一切代价，大举借债，盲目上马大项目，铺摊子，建设政绩工程和形象工程，出现了严重的资源重复建设和浪费，导致债台高筑，对环境也产生了极大的破坏。这些现象的出现，除了财政预算软约束之外，转轨时期简化的考评体系以及特殊的经济、社会条件也是重要的因素。

我们可以从四个方面去分析：其一，在现有的政治体制框架内，地方政府官员由上级任命产生，不是公众选举的结果。因此，地方政府官员的行为选择根本不受地方公众的制约，只有在极特殊的情况下才会顾及公众的感受，由此带来的结果是地方政府官员的效用函数和地方公共利益存在非常大的差别。其二，地方权力的层级晋升是典型的金字塔形等级结构，越往上晋升，职位越少，而竞争者甚众，政治上的较大提升者凤毛麟角。对于绝大部分地方官员来说，要实现个人效用的最大化，只能在个人控制权上做文章。其三，改革开放后的历次改革，虽然经历了“一统即死，一放就乱”的混乱，但总体而言，为了激励地方的积极性，采取了行政分权和财政放权的措施，地方财政自主性不断增强。要想增加个人控制权回报，必须有赖于财政支出规模的增加，而财政支出规模的决定性因素是经济的快速发展。因此，扩大地方经济规模就是一种理性的抉择。其四，我国的市场经济建立属于典型的政府主导型，作为一种增量的渐进改革，在市场经济建立和完善的过程中，地方政府的干预作用非常突出。在发挥市场增进功能的同时，地方政府官员通过干预，人为地设立了大量垄断租金，攫取了大量财富，形成特殊的行政官僚集团，整个利益扩张的过程实现了个人“控制权回报”。

（三）博弈论

美国学者罗伯特·奥曼（Robert Aumann）因对冲突与合作的博弈论分析而成为 2005 年诺贝尔经济学奖得主，他认为，博弈论本质上就是研究双方或多方如何进行互动决策的理论。

根据目前的研究，博弈论的内容包括五个方面：一是决策者，也就是博弈中率先作出决策的一方，其常常根据自身的现实状况和经验判断来优先进行一种有策略性的行为；二是对抗者，属于在博弈对抗中行为落后一步的另一方，与决策者的策略决定正好相反，而且他的行为是被动地接受，节奏上慢一拍；三是局中人，也就是在一次竞赛之中，有决策权的参与者都有可能成为其中的一个局中人，如果博弈只有两个局中人的参与，称之为“两人博弈”，如果参与博弈的人数超过两人以上，则可以称之为“多人博弈”；四是策略，在每一局的博弈中，局中人都可以选择现实可操作的行动方案，如果在一个博弈中，局中人只有有限的策略，学术界谓之“有限博弈”，与之相反的则是“无限博弈”；五是胜负得失，一局经过博弈之后产生的结果叫做得失。局中人在每一局博弈结束之后的胜负结局如何确定，不仅取决于该局中人个人所确定的策略，而且取决于所有局中人所抉择的行为策略。

博弈可以分为四种不同的类型：第一种是合作博弈，分析人们达成合作时如何分配合作得到的收益；第二是种非合作博弈，探讨人们在利益相互影响的局势中如何抉择，从而使自己的收益接近最大化，也就是选择策略的问题；第三种是完全信息或不完全信息博弈，参与者如果对其他所有参与者的策略及其组合方式有充分的了解，称之为完全信息，否则，被认为是不完全信息博弈；第四种是动态博弈和静态博弈，即研究外部环境不变或变动时博弈的得失。

我们引入博弈论的目的在于将中央与地方看成是决策主体，运用博弈论来分析其具体行为，解释原因所在。有学者认为地方政府并非独立的决策主体，特别是中央集权体制下，地方政府无讨价还价的权利，博弈缺乏平等的基础。但我们认为，在分权化改革后，地方政府虽作为中央政府的下级机构，但由于代表着行政区域的经济利益，甚至撇开地方的存在而谋求自我利益，而中央政府必须依靠地方实现区域治理和经济发展，地方的实力也越来越强大，有些甚至和中央分庭抗礼，因此两者之间的博弈关系在现实中的表现越来越明显，“上有政策、下有对策”就是明显的一例。作为博弈的核心内容是各自的利益所在，代表社会整体利益和长远利益的中央政府和体现局部利益和短期利益的地方政府形成了博弈的双方，为了谋求双方各自利益的最大化，中央政府和地方政府在博弈中相机使用各种策略、手段和方法。

有学者分析指出，博弈的双方必须力量对等，才有可能需要双方去采取各自的博弈策略。因为在绝对实力面前，根本不需要采取任何博弈措施就可以轻易取胜。一些学者在分析中央和地方的关系时认为，地方政府不管是在理论的描述还是在客观的现实里，明显处于劣势地位，甚至毫无还手的机会，因为严密的中央集权体制可以极大地保证中央政府的权威，地方政府的博弈努力是徒劳无功的。黄亚生（Huang Yasheng）作为“中央控制论”者的研究代表，在分析省部级领导的变动时认为，改革开放后行政分权和分税制改革并没有削弱中央的权威，事实上，中央政府的权力还大大加强了。黄亚生的分析材料中显示，中央政府为了有效控制地方，避免地方要员长期在某地主政形成的专权，采取了频繁调动省级领导的策略。按法定任期的规定，地方 5 年换届一次，但事实上，很少有“封疆大吏”能超过 5 年，一般 3~4 年较为普遍。经过计算，1979 年后的省委书记平均任期只有 3 年，省长更短，只有 2.85 年。中央控制省级领导任期的做法在某种程度上强化了“中央控制论”，正如黄亚生所言，“省级人事变动的范围、方式和频率都表明中央政府的强力控制是有效的”①。黄亚生据此还分析指出，由于中央的政治控制，省级领导人被迫与中央在政治和经济方面保持一致，以适应于中央的政策偏好。如此看来，中央与省在政治、经济等不同领域的权力的二元性就得到了整合，也就是中央权被视为比省权更为强大，最终可以支配省权。因此，地方政府与中央政府博弈的能力，甚至可能导致中国分解的危险是不存在的。

中央政府加强对地方官员控制的一个“杀手锏”就是进行频繁调动，防止地方派系和势力的崛起。黄亚生的研究已经表明，改革以后，地方官员的调动相当频繁。而地方官员知道了中央的控制手段，也就对自身任期紧迫有了预期，为了在有限的时间内实现快速的升迁，必须在短期内表现出超常的政绩以取悦上级，因此短期行为在所难免。这也是为什么地方官员对于形象工程和政绩工程非常热衷，而对于事关地方长远发展和民众福利的基础性工作毫无兴趣的原因，其结果是“短、平、快”的项目大行其道，为了政绩而不惜竭泽而渔。何显明曾指出，官员由于任职时间远远低于法定任期，根本无法同当地保持密切的互动关系，没有时间对地方进行充分的调研和论证，而将有限的时间和精力都花在那些能为地方提供较大税收的企业家身上，“一些功利心较强的官员在工作中往往很少顾及自身行为在当地百姓中的影响，即使施政造成了严重的社会后遗症，过一两年也可以一走了之”②。

在中央和地方的博弈关系中，地方政府是三重利益的“聚合体”：第一重利益，地方作为“全国一盘棋”中的一部分，国家利益和整体利益如果实现，地方也能从中得到实实在在的发展。国家利益和地方利益实现了一致，都是为了促进社会和经济发展，维护人民群众利益，实现社会进步和繁荣；第二重利益，从合法性的角度来说，地方政府由地方人民代表大会选举产生，对其负责，并作为地方人民代表大会的执行机关，负责行使该行政区域的政治、经济、文化、社会和生态环保等职能。因此，地方相对于全国来说，有自己的独立利益。值得注意的是，地方政府还有第三重利益，也就是维护自身的利益。按照公共选择理论的假设，我们认为地方政府作为一个利益主体，无论是理论上分析，还是现实中的描述，都是真实存在的，地方政府还要维护本行政集团的利益。可以说，这三种利

---

① Huang Yasheng. *Central- Local Relations in China During the Reform Era: The Economic and Instritutional Dimensions* [J]. World Development, 1996, 24: 655-672.

② 何显明. 政府与市场：互动中的地方政府角色变迁——基于浙江现象的个案分析[J]. 浙江社会科学, 2008 (6).

益的重合使得地方政府陷入了两难境地。作为国家在区域的管理主体，地方政府要执行中央和上级的政策决定，与上级保持高度一致，推动实现全国的宏观调控和发展战略；作为区域利益的代表，地方政府还必须千方百计地为本地谋求实实在在的利益，以满足本地民众的需求。这两重利益迫使地方政府在中央政策和地方利益之间左右摇摆而进行相机决策，由此中央与地方的博弈开始。需要注意的是，地方政府的第三重利益大大加强了地方政府的策略行为，博弈不仅仅是为地方利益而言，也是实现行政集团自身价值最大化的理性选择。

（四）蒂伯特模型

1956年，蒂伯特发表了“*A Pure Theory of Local Expenditure*”一文，标志着新古典框架内，集体消费理论的突破性进展。在这篇经典论文里，蒂伯特发现，只要有足够多的社区，而且居民可以在不同的社区间自由地迁徙，地方政府完全可以像生产者提供任何其他私人产品一样，通过市场途径提供所谓的公共产品——正如可以将消费者视为进入商店去购买价格既定的产品一样，我们也可以将其视为进入社区去购买那些价格（也就是税收）既定的社区服务。在空间经济中的变换中，消费者的偏好可以非常明显地表露出来。

蒂伯特模型打破了认为政府是一种为提供非市场产品而存在的组织的观点，指出“地方政府代表了一个在公共产品的配置上，作为对居民偏好的反映不逊于私人部门的部门”。① 这就暗示了，当空间因素被纳入经济分析后，所谓的公共产品同私人产品之间，就不存在任何本质上的不同。政府也需按照市场规定的法则，像普通生产者一样，提供公共产品——如果我们一定要将集体消费的产品定义为公共产品的话。蒂伯特在其结论中，针对萨缪尔森认为无法通过市场途径找到集体消费产品，“分散自发解”即是这个解存在的观点，旗帜鲜明地提出：“如同私人空间经济的一般均衡解一样，如果偏好和资源禀赋既定，这个解就是最优的，而且可解”。

公共产品包括纯粹公共产品和准公共产品，公共产品具备三个基本特征：不可分割性、非竞争性、非排他性。公共产品的非排他性意味着人们可以不用付出任何代价就可以享用，在理性的“经济人”看来，“搭便车”成为一种普遍规则，人们在享用公共产品的同时，会尽量隐瞒自己的真实偏好。此种情形下，政府无法获取民众对于公共产品需求的全部信息，因此，政策的制定存在着巨大的信息真空。为了使公共产品供给的“帕累托最优”状态能够实现，不至于造成公共产品供给过剩或不足，政府必须尽可能地去获取民众真实的偏好，但是其难度

① Charles Tiebout. *A Pure Theory of Local Expenditure* [J]. Journal of Political Economy. 1956, 64: 416-424.

可想而知。

针对公共产品供给的这一困境，蒂伯特假设，如果市场上有众多的社区可以供民众选择——由于公共产品的供给存在着一定的地区差异——民众在某种程度上可以通过选择社区来显示他们对公共产品的偏好，这种理论假设被称为蒂伯特模型，其主要观点主要有两个方面：一是由于边际成本接近于零，地方政府在公共产品供给方面展开激烈的竞争；二是在一定的时间期限内，人们可以“用脚投票”。

在蒂伯特模型中，市场经济的存在使得居民可以自由流动，他假设人们主要依靠非劳动性收入作为来源，因而居民不会被工作所拖累而被固定于某个地区，民众就有可能通过迁移来表达对地方公共产品供给的偏好。只要存在着同时提供公共产品的地方政府，民众就可以像消费者选择私人产品一样，“用脚投票”，即通过迁徙到适合自我的税收——公共产品供给组合的地方，这样地方政府供给的公共产品是完全按照民众自己的偏好来进行的，地方政府的公共产品供给水平与其征收的税收水平实现了均衡。因而，通过地理迁移和选择来表达偏好，实现了各地区公共产品的帕累托最优供给。

很明显，蒂伯特模型清晰地表达了地方分权的经济理念，人们通过“用脚投票”来选择居住社区，从而表达对公共产品的真实偏好需求。特别是当不同地方政府提供的公共产品供给存在巨大差距的时候，“用脚投票”现象表现得更为明显。在中国，“孔雀东南飞”就是非常明显的例证。相对于中央政府而言，地方政府获取居民偏好的能力及机会更加强大，因为地方能确切感知本行政区的民众到底需要什么公共产品以及需要多少，中央政府无法知悉或者说无法完全知悉这些来自于基层的信息。因此，根据蒂伯特模型的推论，财政分权比集权更能表示出其优越性，也更具经济学的高效。

由于行政分权和分税制改革，地方政府营利的冲动异常强烈，由此产生了激烈的地方政府间的竞争。正是因为这种激烈的竞争，各种市场信息传导到地方政府及各部门，地方政府被迫提高管理效率，建设完善本地基础设施，降低交易成本，促进经济和社会发展。由此带来的显著后果是中国的基础设施建设取得了突飞猛进的进步，在分权改革后的20年后，就可以和发达国家相媲美。

二、分析框架：制度—行为分析

地方政府既是中国经济增长的引擎，同时也是诸多社会问题产生的根源，如此尴尬的局面让地方政府成为众多研究者追捧的对象，可以说关于地方政府的研究可谓汗牛充栋。分析地方政府的经济行为，我们可以从几个方面去认识。

其一，政府对于一国或地区的现代化来说不可或缺，特别是后发展国家，由于市场制度并不完善，资源相对匮乏，人力资本总量不足，必须由政府这一社会的主体通过加强权威，集中资源去发展经济。根据制度经济学的分析，政府在建立基本市场制度方面有着独特的功能和作用，而这些是市场经济得以正常运行的保障。正如诺斯所言，“国家的存在对于经济增长来说是必不可少的；但国家又是人为经济衰退的根源”①。亚洲“四小龙”经济的腾飞，就是最明显的例证。中国改革开放所产生的经济奇迹，也源于地方政府完善市场制度、提供必要公共产品、维护正常社会秩序、投资于人力资本、引导投资需求、建立社会信用评价体系等一系列促进经济发展措施的实施。可以说，落后国家的经济发展对于政府干预有着强烈的渴望和需求。

其二，相比中央政府来说，地方政府与社会基层更加接近，能够敏锐地觉察到地方的优势与不足，在资源合理调配方面的特长更加突出。财政分权之所以被认为是中国经济“奇迹”产生的关键变量，原因在于财政分权更能发挥地方的主观能动性，也更能发挥地方的优势。

其三，地方政府与企业利益集团结成增长联盟，形成了增长共同体。“财政联邦主义”使得地方政府必须扶持民营企业的发展，加强其竞争力；财政包干体制使得地方政府的预算约束大大加强。如此这些因素，使得地方政府成为中国经济增长奇迹的“关键性变量”。

其四，地方推动制度变迁的动力源自于经济发展和租金所产生的收益，这种“中间扩散型”的制度变迁既能够避免集权中心制度变迁的风险，又克服了单个利益集团动力不足的困境，为中国经济和社会的转型提供了变迁的可行路径。

地方政府作用的发挥首要条件是地方政府有发展经济的强大动力。改革开放伊始，中央政府的鼓动和激励是主要动力。特别是改革开放之前，由于中央政府的威权主义，地方毫无自主性，激励动机是单向度的“忠诚/命令”，中央的决策很容易就能在地方得以转化为现实。改革开放以后，为了促进经济和社会发展，中央的政策导向转向为政绩优先，特别是“以经济建设为中心”成为压倒一切的考核指标，中央政府的激励转变成“利益/政绩”，激烈的地方竞争由此开始，因而产生了促进经济发展的强大推手。钱颖一、许成刚等人从财政预算软约束的层面，提出了“维持市场化的联邦主义”（market preserving federalism）这一模型框架。他们把财政分权化改革看做关键，认为经济增长源于财政分权产生的市场化激励，地方政府因而具备了促进市场发育的动力。但是，这些激励理论也显然存在着明显的不足：首先，前文分析的戴慕珍的“地方法团主义”在某种程度上

① ［美］道格拉斯·C. 诺斯. 经济史中的结构和变迁［M］. 北京：商务印书馆，2010：25.

解释了地方政府的经济发展激励原因，但并不能预测和分析地方政府发展经济的策略和方式。而发展模式对经济绩效和社会发展是有深远影响的；也就是说，地方政府的发展取向并不能决定其发展路径。其次，分权化的激励是一把“双刃剑”，既有正面效应，也存在负面功能，后者集中表现为地方政府行为的异化，诸如环境污染严重、社会保障不健全、民众利益受损等，钱颖一等人关于“财政联邦下的竞争能保证地方政府的市场化取向”① 的观点，并不能对此进行很好的解释说明。

因此，对地方政府的行为激励的研究还需要继续向前推进，也需要寻求更有说服力、更全面的理论概括。这里我们引入制度——行为分析框架。

按照制度经济学派的说法，制度通常被理解为一系列行事规则的组合，这些规则与政治、经济和社会活动相关，支配和约束社会各阶层的行为。由于人们在社会行动中，经常把一部分因素作为外生变量或参数假定，剩余部分则称之为内生变量或因变量，这些内生变量是由外生变量所导致的，从而是这些外生变量的函数。因此，按照诺斯的划分说明，根据所要研究的问题，我们可以将制度划分成两个范畴：制度环境（institutional environment）和制度安排（institutional arrangement）。制度环境是一系列基本的政治、经济、社会及法律规则的组合，它是制定生产、交换以及分配规则的根基。在所有这些规则里，支配经济行为、产权性质和契约权利的基本规则构成了经济制度环境。制度安排是支配经济主体之间可能合作和竞争的一系列游戏规则的集合。制度安排就是人们通常所说的游戏规则，不同的游戏规则使人们产生不同的激励反应。尽管从长远看，制度环境和制度安排会互相影响和发生变化，但正如诺斯明确指出的那样，在大多数情况下，人们通常将经济制度环境作为外生变量给定，而经济制度安排则根据所要研究或讨论的问题，可以看成外生给定也可内生决定。②

在经济学看来，个人的行为是一种理性选择活动，个体总是在一定约束条件下追求目标函数的极大化，而理论分析的任务就是确定决策者的目标函数和他的可选择集合。这种“一定的约束条件”可以被理解成为制度。一般来说，理性的个人都有利益最大化的冲动，但是每个人都生活在一定的制度环境之中，不仅其行为要受到制度的约束，而且其行为对目标的实现程度和实现过程也受到制度环境的影响。也就是说，人们的行为是由其利益考量和外在制度约束所共同决定

---

① Qian Y., G. Roland. *Federalism and the Soft Budget Constraint* [J]. American Economic Review, 1998, 77: 265-284.

② [美] 道格拉斯·C·诺斯. 经济史中的结构与变迁 [M]. 上海：三联书店，1997: 2.

的，人们行为的选择集合是利益最大化动力和制度变量共同作用的结果。所以科斯指出："当代制度经济学应该从人的实际出发来研究人，实际的人在由现实制度所赋予的制约条件中活动"①。诺斯也认为，"制度经济学的目标是研究制度演进背景下的人们如何在现实世界中做出决定和这些决定又如何改变世界"②。

制度的第二个重要作用是减少了现实世界的不确定性，为人们的行为提供信息和减少信息不对称。人的理性是有限的，因为每个人所面对的环境是复杂的，人们对环境的计算能力和认识能力也是有限的，任何人都不可能无所不知。但是，我们每次的决策并不需要收集所有信息，并不需要关注其他所有人的所有行为，因为我们生活在一定的制度环境内，我们对某种行为及其后果有一定的预期，这种预期就是一种重要的信息，它减少了我们决策时所需要的信息量。如果没有制度的这种确定性作用，那么人们之间的大量行为都会因为缺乏理性预期而改变，所以制度对行为有激励作用。

制度的重要作用还表现在通过对人们行为的激励来影响经济绩效。人们在非均衡市场上，有追求收益内在、成本外化的逃避经济责任的动力，如盗版行为、无节制污染环境、过度使用公共资源、"搭便车"等。这些行为的根本原因是人们的"经济人"心理，即希冀以最少的成本获取最大的收益。如果制度不能对人们的这些行为进行规范，使人们的行为成本"内在化"，则人们就会有强烈的"机会主义"行为的动机，最终导致资源的无效率或低效率使用，使整个社会的利益受损。如果建立起了能够将外部性内在化的制度，则人们的外部化行为就会被有效遏制，最终有利于社会资源配置的效率和经济绩效。正因为制度有这样的作用，所以我们在分析人们的行为时，不能简单地考虑行为动机而不重视行为人所处的制度环境。在很多时候，人们的行为正是在一定的制度诱因下为实现自身效用最大化而出现的，对这种行为的认识就不仅要关注其背后的利益考量，更要注重制度激励因素。

在社会系统的创新中，制度的变迁是核心因素。随着社会的发展，资源与要素的相对价格发生了变化，与经济发展相联系的技术变迁也实现了，此时，制度的均衡被打破，新的获利时机出现，制度变迁由此出现。在此基础上的制度创新来源于新的制度安排下的潜在收益超过了供给成本。当然，社会体系内如何分配潜在的收益，则取决于社会中的各种利益主体之间的博弈以及整个社会的政治权力结构。分析地方政府的行为方式，需要从改革开放进程中制度变迁的角度出发

---

① ［美］R. 科斯．企业、市场与法律［M］．上海：三联书店，1990.

② ［美］道格拉斯·C. 诺斯．经济史中的结构与变迁［M］．上海：三联书店，1997：2.

去思考中央政府、地方政府与市场利益主体之间的复杂关系。

对于中央政府来说，存在着双重目标属性：在实现社会总产出最大化的同时使统治租金最大化。中央政府的理性行为是通过促进竞争、降低交易成本等措施来实现经济增长，同时保持政权的稳定持久。中央政府由于其高度权威性，成为了整个社会制度变迁的主导力量。但是由于中央政府存在着强大的思维惯性以及对于庞大体系改革的担忧，加之“摸着石头过河”的改革欠缺制度变迁的信息和知识，因此，中央政府的主动制度创新会非常缓慢，改革的力度也是有限的。

就市场利益主体而言，其追求的是自身利益的最大化。为此，必然希望市场机会的自由化，只有市场越开放，才能获取更多获利的机会，因此市场利益主体的制度创新欲望非常强烈。但理性的欲望强烈并不会出现现实的自主创新，原因在于市场利益主体的制度创新要承担一定的政治风险，同时受到巨额成本代价的束缚。特别是自主实行创新除了创新成本之外，还需要承担与中央政府协商的谈判成本。在沟通渠道上，市场利益主体也缺乏同中央政府沟通的有效的制度性管道。加上市场利益主体的“搭便车”行为，很难实现制度创新的集体行动。

这样看来，不管是中央政府还是分散的市场利益主体，对于制度创新很难实现帕累托最优，市场化改革的制度变迁进程非常缓慢，而且容易产生破坏性的制度需求革命。因此，中央政府和市场利益主体都希望有一个组织能扮演中介的角色——对于中央政府来说，可以低成本地传递知识，并实施制度的供给；对于市场利益主体而言，可以代表他们去和中央政府谈判协商制度的变迁。很明显，作为改革开放后形成的具有独立利益的地方政府能够承担这一重任。由于中国幅员辽阔，经济社会发展不均衡，地方政府更能把握区域发展实际，解决具体问题，实现制度创新的推进和变迁。因此，地方政府主导制度变迁，往往风险较小而受益很高，容易取得规模效益。

当然，需要注意的是，新的制度安排本身并不能决定最后所产生的政策，而是取决于与整个制度体系的协调程度。因而，新制度安排的结果极度不确定。从现实状况来看，在推动制度变迁的过程中，不同地区的地方政府表现出来的作用千差万别，主要源于创新的宏观环境以及地方政府创新观念和能力有所区别。同时，不同地方政府及其官员的理性、偏好、制度约束等因素也影响了地方政府的创新行为，导致地方政府偏离正常轨迹，出现行为的异化。

在研究地方政府的制度变迁角色时，有必要分析地方政府的行为模式，以及其发生的制度空间。制度和行为之间存在着紧密的联系，制度既能约束人们的行为，也能对人们的行为产生某种激励。理性人都是在一定的制度框架内实现自己的效用最大化。地方政府同样可以被视为一个效用最大化者，有自己的目标偏好。中央政府虽然有能力制定“游戏规则”，迫使地方政府就范，但是地方政府也会在这样的制度安排下选择适合于自己利益最大化的行为模式。这种行为模式可能会推动制度朝更有效的方面发展，也可能推动制度朝更无效的方面发展。在反思地方政府在制度变迁中的正面作用的同时，也要十分警惕其阻碍制度变迁的负面作用。

我们可以将地方增长联盟的形成过程看成是中央政府和地方政府之间博弈的框架背景，其执行结果看成两者之间博弈的结果，以此透视两者之间的行为互动。这种观察较之于集分权分析、简单的利益分析和力量对比分析更具体、更微观，也更接近现实。这种观察能够从三个方面给我们以启发。

其一，地方政府的行为偏好及其行为选择。行为分析是目前国内关于政府研究较为薄弱的环节。在讨论政府行为时，学者们经常用的范式是倾向于谈论政府的职能问题。但是，对政府职能的讨论主要集中于应然层面，也就是中国政府应该在市场经济环境下担当什么样的角色。至于地方政府在转轨时期究竟如何行动，如何履行其职能，却较少有分量的研究。事实上，经济学在这个领域已经走到了社会科学研究的前列，“中国改革的政治经济学”业已成为当代中国问题研究的较为前沿的领域。① 相比较而言，政治学——行政学的相关研究相对滞后。其滞后的主要原因就在于对政府及其官员的行为研究不够。

另外，中央与地方关系研究的一个较为普遍的范式就是“利益”范式。人们普遍认为，中央与地方关系的核心是中央代表的国家利益与地方代表的地方利益两者之间的利益均衡问题。实际上，我们不难看出，地方利益实际上是个多重复合体，是个非常抽象的概念，它也许并不能反映现实情况。如果说地方政府通过公司化的运作和利益集团结成联盟，损害了国家利益，那么事实上也损害了地方利益，损害了地方民众的利益。这里面有一个新的变量是地方官员的利益及其行为的选择。他们的利益考量可能和中央政府、地方民众的利益偏好都有差别。

其二，现有政府体制对地方官员的激励，以及这种激励如何产生出背离中央政府初衷的地方行政行为。制度不仅能提供人们以理性的预期，也能对人们的行为造成激励。新制度经济学强调产权的作用的原因就在于，现代社会的私有产权制度减少了资源使用的外部效应，将成本和收益内部化，从而激励人们最大化经营和使用自己的财产，以创造繁荣的经济发展。如现代专利制度，就对人们的发明创造行为提供了巨大的激励作用，被视为西方工业革命能够萌芽并发展的最重

---

① 甘阳，崔之元．中国改革的政治经济学［M］．纽约：牛津大学出版社，1997.//张军，周黎安．为增长而竞争：中国增长的政治经济学［M］．上海：格致出版社，2008.

要的制度基础之一。①

第三，中央政府如何在既有的制度框架内控制和调控地方政府的行为，使其能够服从自己的意志、执行自己制定的政策。而地方政府又如何能够利用自己的优势规避中央政府的控制。两者在这种规制和反规制中的行为互动就是一种博弈。

当然，突出制度对地方政府行为的制约、引导作用，并不是把地方政府行为看作是对制度环境和制度安排的一种机械反应，“制度—行为”分析模式强调的是制度与行为之间的复杂的互动关系。制度制约着行为的选择，而行为主体的选择也塑造着制度安排，推动着制度的变迁。同时稳定的行为模式往往也正是制度的重要来源，在一定意义上，“制度就是人及规律性和重复性的互动模式”。② 转型期的地方政府本身就是制度创新的重要主体，它们的行为选择，直接影响着市场化改革进程中各种制度安排的变迁过程和变迁方式，影响着既存的各种制度安排的实际效率。

① ［美］道格拉斯·诺斯，罗伯特·托马斯．西方世界的兴起［M］．北京：华夏出版社，1989.

② ［美］埃莉诺·奥斯特罗姆．制度激励与可持续发展［M］．上海：三联书店，2000：8.

第三章　转型过程中地方增长联盟的生成逻辑

第一节　地方增长联盟的形成

一、政府与市场关系的历史变迁

在经济和社会发展的关键性变量上，资源配置的最根本手段是政府和市场，可以说，控制社会发展的两大主体是政治体系和市场结构。在激烈的综合国力竞争中，除了市场发挥基础性配置资源的作用之外，有效的政府管理和制度体系也是国家强盛的关键性变量。美国学者德龙曾经形象地描述道，“工商业和政府至少已经跳了两个世纪的双人舞，这是一场复杂的双人舞，他们的角色扮演经常发生巨大变化，时不时在看着对方的作用范围在扩大或者缩小。但是毫无疑问的是，双方是密切的合作伙伴关系，如果缺乏对方的配合，政府和工商业谁也不会繁荣昌盛”。① 萨缪尔森曾精辟地分析道，“现代国家的政府不仅仅是旁观的仲裁者，为规范市场行为而制定并执行细则，同时也是市场行为的参与者，甚至是主要参与者”。②

在有关政府与市场的关系上，不同的国家在具体操作模式上虽然表现出不同的特点，但理论的分析可以概括为两个方面：其一，政府作为“守夜人”的存在，维护市场的基本秩序和法律规范，是自由竞争市场制度的根基；其二，政府积极干预经济，和市场共同作用，从而推动经济的迅速发展。萨缪尔森在论述政府的职能时曾形象地描述道：“政府与市场博弈的过程，就是政府权力与经济体系力量此消彼长的发展历程。当政府与市场在市场经济活动中具备共同利益基础

---

① 陈书伟，韩丽．如何转变政府职能——寻求政府与市场在市场经济条件下的一种平衡［J］．全国商情（经济理论研究），2007：1.

② 萨缪尔森，诺德豪斯．宏观经济学（第十六版）［M］．北京：华夏出版社，2001：138.

时，双方之间的依赖度大大加深，政府与市场的博弈就表现为两者的联盟，也就是通过彼此的合作与配合，协调行动，实现利益的双赢，在此基础上形成以经济增长为最终目标的增长联盟”。① 莫洛奇在《作为增长机器的城市》一文中提出了城市增长联盟理论。由于福利国家遭遇财政危机，为了维持福利体系的存在，20 世纪 70 年代，西方国家拓展了其政府职能，开始广泛的介入经济体系之中，由此，地方官员发展经济的强烈动机和企业精英创造财富的原始愿望紧密结合在一起，形成了政治精英和经济精英的联盟。联盟的主体成员包括公共部门领导者、传媒精英、商人、律师、金融家、中介等。结盟的原因在于经济资源虽然掌握在企业精英手中，但需要政府的支持；而地方政府虽然发展了经济职能，但需要经济利益集团的认同才能促进增长。增长联盟的出现其目的就是为了促进地方经济的增长。莫洛奇也观察到，当增长联盟的出现损害了其他利益集团利益的时候，这些利益集团将组建反增长联盟，阻碍城市的增长，甚至使增长联盟的行动纲领无法实施。这些利益集团包括劳工、工会、社区等行动者和组织。

从历史发展的经验来看，经济的发展是全社会所共同希望的结果，因为这能给社会所有成员提供更多福祉，经济发展都离不开政府和市场的共同努力，可以说，政府与市场的相互作用共同促进了经济发展。当然，政府与市场的关系是比较复杂的，二者所呈现的并不完全是充分合作的关系，而是充满了博弈。只不过不同的历史发展阶段、不同国家或地区，政府作用和市场机制的关系经历了一个不断变迁、此消彼长的历程。

在自由资本主义时期，政府奉行“守夜人”的角色，市场万能主义是人们信奉的教条，“看不见的手”在后面支撑着市场经济的正常运转，并带来大量的财富。经历了 1929—1932 年的资本主义大危机，凯恩斯主义成为挽救市场的灵丹妙药，作为战后促进增长的助推器，政府干预成为一种规律。20 世纪 70 年代后的石油危机使得“滞涨”成为经济发展的怪胎，新自由主义卷土重来。发展到今天，政府与市场的关系并非你死我活，而是此消彼长、互相促进的关系，政府在市场中的作用是非常复杂的。

二、中国语境下政府与市场关系的复杂化

中国由于处于计划经济向市场经济转轨的过程中，地方政府与市场的关系更

---

① 萨缪尔森，诺德豪斯．宏观经济学（第十六版）［M］．北京：华夏出版社，2001：139.

加复杂化，充满着博弈，但这种博弈是力量非对称的。面对经济全球化的挑战和国际资本的转移，面对日益激烈的市场竞争，面对上级考核指标的层层加码和财政压力，地方政府加快发展经济的压力不断增加，强烈的发展冲动使得地方政府需要借助市场的力量来完成政治和经济任务，以此实现政绩；而残酷的市场竞争使得企业也希望通过得到地方政府的支持来获取超额利润。双方一拍即合，于是地方政府与企业的联姻出现了，二者组合成增长共同体，实现“双赢”的发展目标。当然，需要特别指出的是，这种增长共同体是政府主导的，市场只是作为附庸。

联姻之后，地方政府利用行政垄断权力直接控制、干预市场微观主体的运营，以此获得超额稳定利润。此时的市场主体的心态是复杂的，充满着矛盾：一方面，市场主体需要借助政府的力量获得垄断利润，市场主体会主动地靠近政府，接受政府的庇护；另一方面，市场主体毕竟是追求自身价值最大化的，政府的干预使得企业需要付出“寻租”成本，一些市场主体在政府的“过度关怀”下，利益严重受损，必然会对政府的行为进行抵制。而在联姻之中，政府成为其中的主导，可以选择和谁联姻，决定联姻后的利益分配等。

由于中国的政治体制改革进程滞后于整体社会的变革，加上处于前市民社会的特殊背景。虽然中国经济的快速发展造就了一大批经济精英，非政府组织的崛起也培育了诸多社会精英，但是由于政府权力极为强大，社会发展的空间受到严重的挤压。在强大的政府面前，不管是经济精英还是社会精英，都不约而同地选择了妥协，并依附于政治精英，这种不平等联盟的政治图景，我们称之为“庇护性的国家法团主义”。之所以出现这种现象，很明显是因为社会精英和经济精英如果对政府施加政治压力，不仅不能获得利益，反而会遭到政治精英的打压，因此，这种法团化的社会结构无论对于政府官员、经济利益集团，还是社会精英来说，都有极大的好处。对于政府官员来说，政治精英的利益获取来源于经济精英的“上贡”，其社会地位和权威也得到了维持和强化；对于经济精英而言，可以避免残酷的市场竞争，通过寻租获得长期的高额垄断利润；对于社会精英，通过自愿倚靠政府来增强组织实力，促进发展壮大。各种精英阶层的迅速壮大并没有形成多元主义政治图景，社会也并没有因此而独立，反而是国家进一步得到强化，连强大的外商在中国的发展也不能幸免。其结果是中国出现了各种精英的“强强联合”，甚至是“总体化的精英”①，控制了社会绝大部分政治、经济和文

① 孙立平．断裂：20 世纪 90 年代以来的中国社会［M］．北京：社会科学文献出版社，2003：58.

化资源。

在增长联盟形成之后，地方政府获得了大量的发展资金，企业获得了政策支持和权力保障，双方的合作客观上带动了地方，特别是中心城市的经济和社会发展，加快了城市化的进程。然而，增长联盟所获取的利润超出了市场的平均利润，必然会损害其他主体的利益。在西方，有反增长联盟对增长联盟的蔓延进行限制，特别是工会的力量比较强大，个别工会甚至能左右总统的选举。同时增长联盟受制于西方的民主选举机制，增长联盟如果以牺牲大众的利益来获取超额利润，或者民众没有从地方经济的发展中获利，那么增长联盟中的政府必然会被民众抛弃，也就是通过选举来改变地方政府的组成，从而拆散现有联盟。

而在中国却不存在相应的约束机制，民众并不能直接掌握地方领导人的任免，工会基本成为政府的附庸，非政府组织的力量比较小，作为社会中坚力量的中产阶级始终无法形成，各种救济补偿机制虽有制度规定，但却无法实现其目的。唯一能拆散现有联盟的是中央和上级政府，但这毕竟是非常态的，而且新的增长联盟也很容易再次形成。尽管地方治理开始逐步完善，但依然没有形成制度性的规范。

尽管增长联盟理论存在一定的缺陷，但在中国语境下，开始于 20 世纪 70 年代末期的中国转型，由于正处于政治体制和经济结构的双重转型之中，政治与经济的结合异常明显。地方政府与市场保持着非常亲密的关系，联盟的趋势日益凸显。从改革历史的考察来看，传统计划经济年代的政府通过行政权力和强制指令对社会资源进行调配，政府既是决策主体，也是“运动员”，同时也是“裁判”，在经济生活中占据主导地位。改革开放以后，地方政府利用手中的行政权力，摇身一变，从传统的社会福利提供者转向为利益的“经纪人”，不断追求行政集团自身利益最大化。财政包干和分税制改革让地方政府对财政收入增加有着强烈的渴求，为此经济增长成为地方行政的首要考虑。以经济建设为中心、追求 GDP 增长的政绩评价体系使得地方政府的政治经济利益和地方经济增长紧密地捆绑在一起，地方治理的“公司化”倾向逐渐明晰，最终促使了少数地方政府和企业利益集团的联姻，由此产生的增长联盟与中央政府相对抗。由于企业利益集团的涉足，中央政府和地方政府的博弈充满了复杂性。

尽管中西方存在一定的差异，但经济结构转型都出现了利益的重新分配和新秩序的建立以及社会结构的重大调整。当然，社会秩序的建立和利益的重大调整两者之间在某种意义上是相互联系相互作用的。在地方政府走向“公司化”的今天，经济增长已经成为地方政府的头号目标时，增长联盟理论对于中国的地方政府的研究入木三分。可以说，地方政府经济行为适用于增长联盟理论，特别是三个条件的满足：其一是土地的商品化，其二是土地管理权限的不统一，其三是地方利益集团与房地产市场利益相连。地方政府通过行使行政权力把持了转型期中国的增长联盟的形成过程，在此过程中，带有合作意愿的经济利益集团和其他社会精英等非公共部门参与其中，而民众制度性的参与则被忽视。

理论描述和现实材料表明，改革开放的过程在某种程度上来说是地方增长联盟形成、发展、巩固的过程，少数地方已经形成比较强大的增长联盟。在1978年的改革中，中国放弃了“以阶级斗争为纲”的革命思维方式，转向到“以经济建设为中心”，大力促进生产力的发展。一方面，国有企业的转制极大地减少了地方政府直接掌控的经济资源；另一方面，中央政府的一部分经济管理权限逐步下放到地方，使得地方政府有了发展经济的权力和资本。于是，地方政府开始把关注点转向到民营企业和外资经济，因为这两种经济体都能增加地方的财政收入，培育和发展地方经济实体成为地方政府与企业利益集团结盟的动力。在企业利益集团看来，由于中国的经济结构转型还不完全，计划经济的阴影挥之不去，土地、信贷等基础性经济资源依旧还处于政府的控制之下，关键性资源配置不得不依靠地方政府。因此，要想获取这些关键性资源，必须向地方政府靠拢。这样看来，地方政治精英和企业经济精英在利益这一点上找到了“共同点”，形成了政绩与利益的共生关系。

中国的经济发展模式是典型的“政府主导型市场经济”，由于后发现代化国家普遍缺乏现代化的一些成长因素，因此，现代化的成长迫切需要政府的主导和支撑。在经济的转型过程中，政府作为规则的拟定者和市场的培育者，同时作为执政权力的行使者，在增长联盟的形成过程中占有主导地位，因此行政精英与经济精英之间的权利地位极度不均衡，地方政府可以挑选联盟对象，也可以更换或惩罚不“听话”的联盟者。因而，行政精英占据更大的优势，处于主导地位，利用手中的行政权力通过选择不同的联盟者以及实施不同的策略，最大限度地实现地方行政集团的利益最大化。

三、地方政府公共性与自利性的“摇摆”：地方增长联盟形成的逻辑起点

政府行为应以社会公正为旨归，坚持公共性取向的观念，是自政府出现以来，人类社会一种根深蒂固的政治价值理念，无论中国还是西方，莫不如是。孔子“政者，正也”的界定，可以说是对政府行为公共性和公正性价值取向最精练

的概括。在古希腊，亚里士多德提出“城邦以正义为原则”①，而城邦正义的本质规定，就是“以公共利益为依归②”。近代以来，随着人民主权的政治理念，以及政府合法性来自公众基于实现公共利益目的的授权的观念得到广泛确立，政府行为的公共属性更是被抬到了压倒一切的高度。洛克在《政府论》中明确指出：所有政治权利的设立“都只是为了公众福利”③。政府产生及其存在的合法性基础从根本上决定了公共性乃是政府行为的根本属性。康德在《永久和平论》中提出，“从公共权利的全部质料之中进行抽象，那么我就只剩下公共性这一形式”。④

从理论上讲，政府作为公众利益的代理人，不应有自身的效用目标，或者说公共效用的最大化就是政府的效用目标。但是，在现实生活中，政府行为最终都是由一个个具体的、活生生的、有着自己七情六欲的政府官员来完成的，政府官员的自利性行为必然会给政府行为带来深刻影响。在政治思想史上，人们总是一方面在理想层面上不断赋予政府公共性的规定，另一方面又不得不理性地反思和治理政府的自利性问题。如果要对政府官员行为的价值取向或效用目标进行排序的话，那么，排在第一位的往往不是公共利益而是其个人的利益，然后是作为一个利益群体的政府官员的利益，最后才可能是公共利益。

我们必须清醒地认识到，虽然利益并非政府行为的各种微观主体的唯一效用目标，但在现有的文明条件下，它不可避免地依然是个人效用函数中最重要的变量，因而我们必须充分考虑到自利动机对官员从事的各种行为的影响。马克思主义经典作家从来不讳言利益。马克思曾说过：“人们奋斗所争取的一切，都同他们的利益有关”。⑤ 恩格斯也指出：“每一个社会的经济关系首先是作为利益表现出来”。⑥ 马克思甚至提出，“‘思想’一旦离开‘利益’，就一定会使自己出丑”。⑦ 这些论述对于我们理解政府的自利性问题无疑是非常有启示的。

① 亚里士多德．政治学［M］．北京；商务印书馆：1997：9.

② 亚里士多德．政治学［M］．北京：商务印书馆，1997：148.

③ 洛克．政府论［M］．北京：商务印书馆，1996：4.

④ 康德．历史理性批判［M］．北京：商务印书馆，1990：139.

⑤ 中共中央马克思恩格斯列宁斯大林著作编译局．马克思恩格斯全集（第1卷）［M］．北京：人民出版社，1956：82.

⑥ 中共中央马克思恩格斯列宁斯大林著作编译局．马克思恩格斯全集（第2卷）［M］．北京：人民出版社，1976：537.

⑦ 中共中央马克思恩格斯列宁斯大林著作编译局．马克思恩格斯全集（第2卷）［M］．北京：人民出版社，1976：103.

从规范研究的角度来说，我们当然可以拒绝政府的自利性，明确政府行为的唯一原则就是公共性。但从实证分析的角度来看，只要我们正视现实，政府自利性的存在就是一个无法否认的事实。① 实证性的学术研究恰恰正是要揭示政府行为的真实过程，无论这种过程是否违背人们对政府行为的正当期待。人的行为动机是社会现实关系、社会制度安排的产物。我们可以说政府应当是“公仆”，但公仆的行为逻辑需要有相适应的制度环境，在缺乏这种制度环境的条件下，政府的自利性属性就很难被根除。当然，确认政府自利性的现实性，丝毫不意味着肯定政府自利性在道德上的正当性。在我们看来，政府的自利性在特定的范围内可能具有一定的合理性，至少是具有一定的历史合理性，控制得好甚至可以起到激励政府及政府官员努力追求公共效用目标的作用。但是，政府的自利性如果超过了一定限度，缺乏应有的制约，以致政府把自身利益作为高于公共利益的效用目标，其行为就会发生变异，政府利益或政府官员利益的最大化就可能成为政府行为选择的基本准则。

概括地讲，所谓政府的自利性，是指政府除了具有管理公共事物的属性外，还具有追求自身利益最大化的属性。它包括政府中的一切组织和个人寻求自身利益最大化的举动，比如对权力、金钱等的追求。在理论预设上，本书并不把政府简单地抽象为追求自身利益最大化的“经济人”，而是把自身效用最大化视为政府效用函数的关键变量。这里的“效用”，泛指能够给政府行为的微观主体带来满足的各种价值。就我们关注的主要对象，即地方政府的行政长官而言，经济利

---

① 在国内学术界，一些研究者明确肯定政府有自利性倾向，并认为这种自利不仅体现在政府组织成员层面，而且体现在地方各级政府和政府职能部门层面（金太军．政府的自利性及其控制［J］．江海学刊，2002（2）．）；一些学者还认为政府的自利性，除了有其负面影响以外，在一定范围内还有其合理性的一面（涂晓芳．政府利益对政府行为的影响［J］．中国行政管理，2002（10）．）；更多的学者则倾向于认为政府的自利性与阶级性、公共性并存，且通常只能在事实领域处于隐蔽状态，属于次要地位（高庆年．政府的自利性及其法律调控［J］．探索，2000（1）．）；或者说政府本身不应有自己的私利，但操纵并组成政府的人却有着自身的利益，而且他们会借助政府的强制力来实现自身的利益（蔡立辉．政府部门的自我扩张行为分析［J］．人文杂志，1999（6）．）。与此同时，也有一些学者明确不赞同政府自利性假说。一些学者认为自利性概念只适用于私人领域，不能把政府工作人员的自利性理解成政府的自利性（张康之．公共行政中的哲学与伦理［M］．北京：中国人民大学出版社，2004：43.）；一些学者认为自利性的存在是政府发展不成熟的标志之一，表明政府在制度、道德和伦理精神方面存在问题。其中重要的一点就是没有从制度上严格界定私人领域与公共领域的界限，没有有效限制私人行为，从而使之不断侵扰公共行为（任晓林，谢斌．政府自利性的逻辑悖论［J］．国家行政学院学报，2003（6）．）。

益只是其效用目标的一个要件，其他诸如职务升迁的机会、政治声望、行政成就感、在地方公共事务上的影响力等，同样也是十分重要的。

四、双重行为：地方政府与企业的复杂关系

企业是市场最为重要的经济主体。地方政府培植市场主体的双重行为体现为：一方面，地方政府大力扶持企业发展，促进市场主体的成长；另一方面，地方政府又过度干预企业经营，延缓市场主体的成熟。

（一）大力扶持企业发展，促进市场主体成长

地方政府在改革初期大力扶持当地企业，特别是民营企业的发展，对启动我国市场化改革起到关键作用。发展民营企业是地方政府在我国市场化进程中培育市场主体的最为突出的体现，被许多学者誉为“地方政府制度创新”①。

改革初期，国有经济因体制原因处于低效运行状态，地方政府从体制外入手，将注意力放在民营经济的培植上。而且越往基层，地方政府所管辖的国有企业就越少，到县、乡一级就基本没有了，这也迫使地方政府特别是基层地方政府绕开改革的难点，从体制外入手培养其他非国有市场主体，以获得改革的比较效益。因此，一些地方政府采取各种措施扶持这些新的市场主体，如改革初期出现的安徽的包产到户、四川的扩大企业自主权、苏南发展乡镇企业、浙江温州发展家庭企业、广东首先发展外资企业，等等，从中都可以看到当地政府在其中的重要作用。一大批乡镇企业、私营企业、个体企业和“三资”企业等非国有经济应运而生，成为地方经济的增长点，同时也为市场注入了一大批产权明晰的市场主体，这也推动了随后的国有企业改革，推进了我国市场化进程。

其一，地方政府充当辖区内企业的代言人和保护神的角色。地方政府帮助企业在获得改革试点权、扩大经营自主权、提高利润分享比例、减轻税费负担、获得资金支持等方面与中央或上级政府讨价还价，通过为企业的发展创造更好的环境来提高本地的经济实力，增加可支配财政收入，向上级显示其良好的政绩。在中国市场化进程中，许多制度创新往往是非政府主体首先发起的，但由于认识上的原因，这些制度创新往往受到诸多指责和压力，此时地方政府常常成为其有力的“保护神”。比如乡镇企业在治理整顿阶段被说成是挖国有企业墙角，与国有企业争市场争原料，这时地方政府一方面游说中央，为乡镇企业辩护，另一方面

---

① 杨瑞龙．我国制度变迁方式转换的三阶段论——兼论地方政府的制度创新行为［J］．经济研究，1998（1）．//洪银兴．地方政府行为和中国市场经济的发展［J］．经济学家，1997（1）．

对乡镇企业进行改造。结果不仅保护了乡镇企业，还使它在治理整顿阶段得到了大的发展，使得一些地区的市场化进程在历次宏观调控中没有因此而中断，反而使市场化的区域推进得到了更规范的发展。

其二，地方政府另一个重要作用是积极帮助本地企业向外开拓市场，积极带领本地区的企业向外地甚至是国外推销产品。对于地方政府来说，积极鼓励和帮助本地企业向外部市场扩张，可以促进本地经济的发展和福利水平的提高，获得比较效益。同时，借助政府的力量进行外部市场扩张也是企业利益的需要，特别是在全国统一的大市场尚未形成的情况下，市场行情的变化往往带有较强的区域性，这需要借助地方政府的信誉、权威、组织和信息网络，以减少交易成本，实现市场的扩张。其具体表现形式如由地方政府出面组织本区域内企业结构调整，组建大型企业集团；组织本地企业到区域外进行各种活动，与外地企业进行种种联合、联营或并购等。

总之，地方政府或者直接指导，或者直接参与，或者首先发现并予以支持和帮助，帮助企业突破进入壁垒，获得潜在的制度收益，进而地方政府也分享这一收益。这便有了后来闻名全国的发展乡镇企业的“苏南模式”、发展私营企业的“温州模式”和发展外资企业的“珠江三角洲模式”。随着这些增量改革的推进，市场力量日益增强，逐渐形成对体制存量的压力和吸引力，从而对国有企业的市场化改革产生积极的推动作用，迫使其按照市场机制进行运作，改革内部体制，逐步走向市场化，从而实现由增量改革向存量改革的过渡。

（二）过度干预企业经营，延缓市场主体成熟

转型时期，地方政府对微观主体的过度干预主要体现为在与国有企业的关系上长期政企不分。国有企业能否走向市场，成为真正自主经营、自负盈亏、自我发展、自我约束的市场行为主体，是市场发育程度的重要标志，直接关系到我国市场化改革的成败。为使国有企业走向市场，我国进行了一系列的下放企业自主权的改革，然而，这些下放的权力并没有真正落到企业，大多数被地方政府截留，从而大大强化了地方政府干预、控制企业的权力，各级政府长期掌握对下属企业的资源调度权、经营决策权、人事权等。同时，由于体制惯性，转型期间的各级政府还难以从计划经济下的习惯模式迅速转变到市场经济的管理模式上来，仍把国有企业当作是政府机构的附属物。地方政府利用其权力，从自身利益出发分配各种资源，长期直接干预企业的重要生产经营决策活动，直接操作企业的投资行为，直接任免企业的负责人，地方政府实际上成了地方国有企业的管理者和经营者，变成了市场真正的主体，而企业只是配角而已。另一方面，一些企业为了自身的经济利益，比如获得所需要的生产要素或种种优惠条件，也向地方政府靠拢，甚至送礼行贿地方官员，这必然导致行政权力进入市场、干预经济行为现象的出现。地方政府与企业在一定程度上结成了“利益共同体”，大卫·万克（David Wank）把这种现象称为“共生的庇护主义”（symbiotic clientalism）①。

此外，地方政府作为一个行政机构，其目标是多元的，必须同时兼顾经济增长和社会发展两方面的目标，因此，地方政府的利益目标与市场条件下的企业单纯追求利润最大化的利益目标常常发生矛盾。地方政府往往习惯于直接干预企业的经营活动来解决这类矛盾。比如，从市场角度看，企业裁减冗员或在经济低谷时裁减人员是正常合理的，但当地政府从社会安定的角度来看，这就是一种不稳定因素，常常以行政手段限制企业的裁员行为；银行向还贷能力差的企业发放贷款是不符合市场原则的，可能带来大量的坏账和金融风险，而当地政府基于社会安定的考虑则迫使银行放款；地方政府出于地区整体利益和政绩的考虑，用行政手段违背企业意愿和市场规律进行“拉郎配”式的企业兼并，等等。

长期以来，地方政府过度干预企业和市场的行为使我国国有企业和集体企业的产权改革进展缓慢，延缓了市场主体的成熟。在20世纪90年代中期以前，几乎没有一个地方政府针对这些问题率先全面地推进产权制度改革的事实就是例证。张炎在其对昆山乡镇和村级企业的研究中，对“苏南模式”提出了批评意见，他指出，地方政府的地位总是至高的，它试图控制一切，如任命企业的经理，决定生产规模及投资水平等，企业的许多决策权由于被政府的决策权代替而萎缩了，“市场导向”被“政府导向”所取代，这种情形导致了始于1996年早期的产权改革②。

地方政府对本地企业的过度干预使企业的自主经营行为受到极大的限制，冲击着正常的市场交易关系，导致辖区内企业活力不足，最终会阻碍区域经济的发展。由于对企业的过度干预，企业不再信赖平等、公正的市场交易关系和竞争关系，而是热衷于运用各种正当或者不正当的手段增进与政府各部门的紧密联系，寻找有超经济力量的行政权力后台，利用各种机会与政府讨价还价以谋求企业发展的机会和资源，这就是我国企业特有的“一只眼睛盯着市场，一只眼睛盯着市长”的现象。市场主体成熟缓慢，限制了我国企业竞争力的提升。

---

① ［美］托尼·赛奇．盲人摸象：中国地方政府分析［J］．经济社会体制比较，2006（4）．

② Yang Zhang. *Local Government and Politics in China: Challenges From the Below* [J]. Armonk N. Y. M. E. Sharpe, 2003.

第二节 政治经济结构的转型：地方增长联盟形成的历史必然性

地方行政精英与经济精英增长联盟的形成，有着特殊的历史背景，是社会主义市场经济体制建立过程中政治经济体制结构转型的必然结果。

一、经济全球化：地方增长联盟形成的外部环境

“二战”以后，全球经济一体化的趋势日渐显露出来，资本、人力、信息等在全世界广泛流动，寻求发展机会。与此同时，中国改革开放开启了它的征程。在国内，中央政府的分权化改革导致中央对地方的直接投资逐步减少，社会主义市场经济体制的建立又逐渐消减了地方政府对本地资源的直接控制。因此，地方政府的财力突然捉襟见肘，于是转而寻求新的财力增长点，特别是财政包干制也极大地刺激了地方官员发展经济的冲动。

改革开放后，潮水般涌入的外资让地方政府寻找到了突破口和希望，毕竟外资的引进可以极大地增加本地的财源，促进经济的发展，改善基础设施建设，对于地方政府官员的政绩十分有利。因此，地方政府的经济工作职能发生了重大改变，由过去的直接掌控转向改善投资环境、大量地建设经济开发区从而吸引外资的进入。但是，尽管大量外资涌入，资本总量毕竟有限，形成了“僧多粥少”的局面。于是，各地方政府使出浑身解数，大量优惠政策和特殊待遇由此出笼，如各地纷纷减免税收、财政补贴投资、土地资源的优惠使用，甚至不惜违反法律规定。为了吸引外资而赋予其特权，这种超国民待遇损害了市场经济的公平竞争，扭曲了资源的分配，同时也产生了环境污染、劳资纠纷、土地资源浪费等严重社会问题，同时，在此基础上形成了地方政府与外商投资集团的增长联盟。但从另外一个层面来说，为了能在残酷的全球竞争中占据一席之地，区域经济的合作与结盟非常必要。因此，地方政府之间也开始寻求合作之路，通过区域合作共同参与全球化下的市场竞争。

二、政治分权化：地方增长联盟形成的内部环境

20 世纪 70 年代以后，随着资本主义世界“滞涨”局面的恶化，凯恩斯主义开始动摇，新自由主义卷土重来，英美等西方国家开始的分权改革席卷全球。在这轮改革过程中，为了激励地方政府的积极性，中央政府不断下放管理权力，地方政府获得了更多的经济和社会管理权限，增强了经济社会发展的能力。

改革开放后，中央政府也采取了一系列分权改革的措施以不断扩大地方政府

管理经济的权限，这场分权化改革的制度安排持续了10多年。20世纪80年代开始实施财政“包干制”后，地方政府开始拥有一定的财政支配权，同时对企业的管理权限也逐步下放到地方，地方政府直接管理的企业越来越多；1994年的分税制改革影响深远，地方政府发展经济的动机大大强化；国家掌控的物质资源的调配权也逐步减少，地方基础设施建设和经济发展的主体逐渐转移到地方政府手中。

分权化改革后，地方政府管理经济的职能极大地加强了，同时地方政府也成为相对独立的利益主体，其最终结果是地方政府扮演了双重角色：独立的经济利益主体和区域经济调控者，既是市场经济的“裁判员”，也是“运动员”，还是最终利益的“仲裁者”。角色扮演的双重性决定了行为的双重目标：一重目标，作为中央政府在一定区域的经济管理主体，必须和中央保持高度一致，有责任完成中央政府的宏观调控目标；二重目标，作为相对独立的经济利益主体，地方政府既要实现本行政区的利益最大化，同时也追求地方政府自身行政集团利益的最大化，这种复杂的角色扮演也是地方政府行为出现异化的重要原因。

三、财权与事权的不均衡：地方增长联盟形成的必然选择

分税制改革虽然使地方政府有了一定的财政收入自主权，但改革的不彻底却使地方政府一级的财政收入锐减。与此形成鲜明对比的是，中央下放给地方的事权却越来越多，地方政府需要提供的公共产品和社会服务不断增加。1998年，中国开始由国家财政走向公共财政，地方区域内的社会事业、教育文化、基础设施、社会保障等基本由地方政府承担，而且公共产品支出会产生“棘轮效应”①，也就是支出规模与经济发展呈正相关关系，随着经济发展，支出规模会越来越大。但由于开征新税种和提高税率的权力掌握在中央政府手中，地方政府并无此权限，由此导致地方财权与事权之间出现严重的不均衡。为了弥补财政缺口，一些地方政府动起了歪脑筋——企图通过乱收费、乱摊派、乱罚款来实现，但这种方式并不能成为常规行为，而且会引起大量社会矛盾，也有损于地方政绩和形象；如果依靠借债，财政风险加大，同时借债也只是短期行为，相当于把烂摊子留给下任。

① 又称制轮作用，是指人的消费习惯形成之后有不可逆性，即易于向上调整，而难于向下调整。尤其是在短期内消费是不可逆的，其习惯效应较大。这种习惯效应，使消费取决于相对收入，即相对于自己过去的高峰收入。消费者易于随收入的提高增加消费，但不易于收入降低而减少消费，以致产生有正截距的短期消费函数。

当然，1994年的分税制改革的一项重要举措是土地出让金收入完全划归地方政府，这成为地方政府的最后一根“救民稻草”，为地方政府增加本级财政收入找到了一条“致富之路”，增加土地财政收入成为地方政府的首选途径。1998年，住房制度改革措施出台，福利分房全面停止，实行住房分配货币化，房地产走向市场。2003年，国务院下发《关于促进房地产市场持续健康发展的原则》(国发〔2003〕18号)，房地产被明确为国民经济的支柱性产业。之后，房地产市场逐步繁荣，为土地财政提供了政策保障和市场支撑，土地财政收入成为地方政府收入的重要来源，房地产商成为地方财政收入的主要税源。

四、以经济建设为中心：地方增长联盟形成的思维方式

社会的整体发展推进在某种程度上并不可能，特别对于落后国家来说，由于物质的匮乏和资源的短缺，虽然百废待兴，但经济发展往往是重中之重，因为只有经济发展才能促进社会物质财富的增加，其他方面的发展才有坚实的保证。但是经济发展的进步往往会使其他领域的发展放缓，这是社会整体发展必须要承受的局部代价。

改革开放以来，“以经济建设为中心”成为长唱不衰的主旋律，在经济发展面前，所有的一切都要为其让路。因而经济体制领域改革不断推进，以市场经济为导向的资源分配格局逐步建立完善，但是政治体制领域的改革却裹足不前，社会事业的进步和福利保障制度的建立被忽视。社会主义现代化基本上成为经济现代化，在经济发展的所有指标中，GDP最简单实用。钱颖一曾指出，GDP可以充分地反映出经济福利。① 为了促进经济增长，中央政府选择GDP是理性的选择，作为经济的“最优统计量”，GDP表现得非常出色。

但是，考核激励制度的简单化必然带来行为的一系列选择。由于GDP作为体现政府官员政绩的主要指标和政府的多种社会职能存在着明显的目标——结果矛盾，考核GDP作为一种不完备的契约，其激励必然给社会带来相应的成本。理论上分析认为，把GDP作为政绩升迁激励所带来的消极后果非常明显。由于地方政府官员需提供给当地民众的公共产品和服务是多维度和多任务的，假设激励机制只关注于某一可测度的维度或任务，其结果必然是政府官员极力向这一维度倾斜，导致努力配置的歪曲。而事实表现则充分证明了理论上的描述，在GDP的指挥棒下，地方政府把经济增长率作为首要甚至唯一的执政目标，只重视政绩工程，其结果是经济发展的质量并不重要，环境问题无人

① 钱颖一. 理解GDP [J]. 财经，2005 (6).

关心，只重视数量而忽视质量使得一些官员甚至不惜伪造增长数据，因此在现实中，“数字出官，官出数字”的情况屡见不鲜。由 GDP 引致的地方政府官员激烈竞争导致地方政府在区域合作方面毫无兴趣，地方保护主义盛行，而重复建设又导致资源大量浪费，相互攀比也成为常态。

“短期内最大显示经济政绩”完全符合地方政府和官员效用最大化的目标函数。首先，经济发展意味着政治晋升的机会极大提升，虽然这并不能保证在“政治锦标赛”中赢得胜利，起码可以走在前列而不至于落后；其次，经济发展直接带来政府财政收入的增加，政府可支配财力增加和政府能力提升。地方政府可以利用这些增加的财力为地区提供更多的公共物品，从事更多的市政建设，也可以用来直接购买服务，解决居民就业问题等，这既有利于其政绩的彰显，也能够获得更多的政治支持；而且，政府财力的增加也顺势提高了官员个人的经济收益，包括货币性收入和非货币性所得（如提高办公硬件水平，新建办公大楼、提高津贴水平等）。从意识形态来说，经济发展符合“发展才是硬道理”、“以经济建设为中心”的政治方针，“效率优先、兼顾公平”等发展理念。快速发展经济对地方官员来说是一举多得的行为。

在中央政府的多重目标中，对于地方政府来说，选择一个最重要的、最容易衡量的目标去完成是理性的思维方式。霍姆斯特罗姆（Bengt Holmstrom）认为，面对多重任务委托，或者面对多维度工作，代理人往往会强烈关注那个最容易被观察到、最容易显示绩效的工作，而忽视其他工作或者工作的维度。① 对于代理人来说，其工作的收益和成本也是显而易见的。工作的成本包括自己耗费的时间、精力，甚至身体健康（有的干部累死在岗位上），收益则是合法收入和晋升机会。从表面上看，代理人应该勤勤恳恳、忠于本职，通过实际的业绩来获得收益和奖励（晋升机会）。但是，由于晋升机会来源于委托人的考核，而考核又由于上面所述的各种成本而被大大简化，甚至表面化，这样一来，下级官员就可能进行投机行为。

在机会主义者看来，老老实实工作的成本可能比投机行为的成本高。因为公共管理具有综合性和模糊性，社会和谐发展的实现需要经济、制度、文化等多种因素的全方位进步，因此，如果想真正地、踏实地推进社会发展就必须大力提升各方面工作的效益和质量，这种工作的成本可想而知。而且，我们知道，在市场经济的发展和成长阶段，在改革转型时期，政府的作用往往是对市场机制缺陷的

① Holmstrom Bengt, Paul Milgrom. *Multitask Principal-agent Analyses: Incentive Contracts, Asset Ownership, and Job Design* [J]. Journal of Law, Economics and Organization, 1991 (7): 24-52.

弥补、修正，是对现有工作制度和机制的改革和转型，这些工作往往不易量化，也不易被看清，有人称之为“隐性政绩”。一些地方官员认为，关注太多“隐性政绩”不仅耗费自己的精力和时间，还会因为难以被上级觉察和捕捉而得不到任何表彰。因此，在这种情况下，任何一个精明的代理人都会强烈关注某些易于观察、易于量化的公共工程，而对于其他隐性的、难以量化的公共产品，如对旧有体制的改革、人均生活质量、环境质量等，给予少量甚至微量的关注。这种逻辑的结果就是政府可能不惜财力物力兴建“政绩工程”、“形象工程”和“面子工程”。而且，由于委托人监管的成本极高，难以对具体工作的质量进行考核，所以投机的代理人希望通过大搞一些“创新工程”、“改革样板”来吸引委托人的眼球，获得较高评价，而并不会太注重这些改革样板背后的实际绩效和工作成本。这种现象可以被称为“明星效应”。

在经济发展方式上，一些地方政府官员会选择最便捷、最简单、最有效的一种，虽然这样做可能带来很大的外部性，并对经济的持续发展造成恶劣后果。但由于地方政府官员有任期限制，且其政绩显示要在任期内完成，所以官员在追求经济发展和财政收入增加上会选择最为便捷和短期能见成效的方式。其实，政府的这种心理具有普遍性，并非只有中国地方政府存在。根据有些学者的研究表明，转型社会中的政府往往扮演着“援助之手”和“攫取之手”的不同角色。如果当权者地位越稳定、自身利益与社会繁荣的关系越紧密，其眼光就越长远，就会通过鼓励市场发育和促进经济发展来实现财政收益最大化。

五、地方政府角色的转换：地方增长联盟形成的催化剂

改革开放前，地方政府作为中央政府在区域治理的代理人，但由于计划经济体制下，中央控制了一切物质和人力资源的调配，地方政府并没有任何自主权，缺乏主动行动的动力和能力。改革开放后，中央政府进行了一系列分权化的制度改革，使地方政府的角色发生了重大转换，由传统的“执行者”变成了“代理人”、“经济人”和“政治人”。

第一，地方政府成为“代理人”。改革开放后，由于社会越来越复杂，中央政府作为委托人，不得不下放给地方政府更多的经济和社会管理权限，委托—代理的行为开始形成，由于地方政府行为的复杂多变性以及地方政府对辖区内信息掌控的优势，长期的央地信息不对称状态滋长了地方政府的道德风险。为了能在博弈之中占有优势，地方政府选择了同本地的经济利益集团结成联盟，以对抗中央政府。特别是当中央政府和地方政府的效用函数不统一时，地方政府会牺牲全局利益从而追求自身价值最大化，同时利用联盟力量和代理优势逃脱中央政府的监管，尽量把自利行为的机会成本降到最低。特别是当中央与地方利益出现严重

冲突时，这种现象表现得更为直接。因此，作为特殊的委托—代理关系，中央政府对地方政府的激励及约束机制在很多情况下是无效的，根本没有办法去实际贯彻，这也是“政策不出中南海”的根本原因。所以，作为“代理人”，地方政府选择和企业结盟的行为有着强烈的利益激励。

第二，地方政府作为“经济人”。公共选择理论在分析政府行为的时候指出，政府也具备“经济人”假设，从事公共管理的目的并非为了实现公共利益，而是追求自我价值的最大化。美国学者安东尼·唐斯（Anthony Downs）曾精辟地分析道，“公共治理活动中的政治家与生产经营活动中追求利润的企业家在某种意义上说是相通的。为了追求自身利益的最大化，他们制定的公共政策是为了争夺更多的选票，一如企业家生产能获得最多利润的商品那样。”① 在“经济人”的行为模式中，地方政府表现了高度理性和极端自利性，和市场体制中追求剩余价值最大化和风险最小化的企业相类似，地方政府根据自身掌握的资源和信息作出使自身利益最大化的决策和行动。在公共选择理论看来，公司化的地方政府和企业利益集团并没有多大区别，它们在追求自身利益方面有着共同的价值取向，形成了利益的“交集”，其组成联盟就理所当然了。

第三，地方政府作为“政治人”。改革开放后，“以经济建设为中心”成为主旋律，在此思想的指导下，地方政府之间为增长而竞争的格局开始形成，并展开了激烈的竞争。由于中央政府和上级政府掌握了下级政府的人事任免大权，加上 GDP 的实际考评体系，迫使地方政府为了迎合上级获得升迁而追求 GDP 来作为自己的政绩。为了追求 GDP 的最大化，只有采取“公司化”的手段，和企业利益集团结成联盟，才能在政绩上取得立竿见影的效果，其结果是“短、平、快”的项目很快上马，只重视经济增长数量而置质量于不顾。地方政府通过公司化追求 GDP 的过程结果明显，见效很快，同时将本届政府的责任转嫁给下任，其历史遗留问题集中在下届政府中凸显，但是责任主体已经很难辨认了。基于此，地方政府公司化的强烈动机有着后天动因。

总之，在分权化改革和市场经济的推动下，地方政府既强化了经济增长的动机，也获取了发展经济的手段。为了促进区域经济增长，各种手段方式尽皆采用，成为典型的“公司化政府”。如此情形下的地方政府已蜕变成“超级公司”，既拥有一般公司所具有的如环境、土地、基础设施等公共资源，还通过行政权力的垄断拥有制定发展规划、税收政策等游戏规则的特权，同时利用银行贷款和融资平台有效规避了风险。如此多的优势加上经济发展优先的理念，地方政府官员

① Downs，A. *An Economic Theory of Democracy* [J]. New York：Harper & Row，1957：295.

对经济增长的狂热追求令人瞠目结舌。由于考评地方政府官员的政绩主要依赖于经济增长，地方政府与市场的稳定联盟由此得以实现。

第三节　土地公有背景下使用权的市场化改革：地方增长联盟形成的制度因素

一、地方政府所有：土地所有制的异化

土地作为人类社会生产生活中最重要的要素，其所有制的制度设计来源于劳动力要素和土地要素的力量对比。由于土地所有制的改革对整个社会发展和政权稳定及其重要，因此，在新中国成立后，土地私有制被废除，农村土地通过组建人民公社的形式实现了农地私有向集体所有的转变。在城市里，尽管改革的进程相比农村来说显得非常漫长，但总体而言，国有土地所占比例不断提高，1982年，通过对全国200多个城市的统计表明，国有土地在城市建成区总面积比重高达95.5%。① 在第4部《宪法》中明确规定，“城市的土地属于国家所有”。由此，土地公有制成为土地所有制的单一形式，其后的改革基本上没有触及土地公有这一体制。

尽管法律和制度层面的土地公有制包括农村土地集体所有和城镇土地国有所有两种基本形式，但土地所有权的产权缺失和虚无造成了事实上的土地无人所有，作为国家在区域的代理人和土地的实际管理者——地方政府成为土地的实际所有者，土地公有制异化了。有些地方政府甚至明目张胆地公开改变土地所有权的表现形式，如1995年，浙江杭州萧山市人民政府直接通过文件规定，“新开垦的8000多亩土地其所有权属于萧山市人民政府……市人民政府围垦指挥部拥有使用权。……如果市人民政府需要使用，围垦指挥部必须服从市人民政府的相关部署。”事实上，大量的理论分析和实证研究表明，“在当前的土地所有制下，在一定范围内和一定程度上，事实上的土地所有者是县、市一级人民政府，最起码是事实上的土地所有者之一”。②

根据中国的宪法规定，中国实行的是土地的社会主义公有制，具体表现为城市土地国家所有，由国务院代表国家所有，农村土地集体所有。但是，国务院实际上没有办法直接管理全国的城市土地，如土地的出让、收回、转让、开发等，必须要由各级土地管理职能部门进行管理，而在改革开放以后，以地方政府为主

① 孔祥云．城市房屋拆迁涉及土地补偿问题的探讨［J］．中国房地产，2002（2）．

② 曹正汉．谁在事实上支配中国的土地［J］．南方周末，2008（7）．

的“块块”强过了国务院下属的“条条”职能部门，土地管理权力实际上为地方政府所获得。20 世纪 80 年代的土地有偿使用改革以后，土地价值开始凸显，中央为了在上收财权的同时保证地方政府的财政收入，将土地出让收入的绝大部分交给了地方政府（主要是市级政府），如此一来，国有土地的产权实际上被分化了，其控制权主要掌握在地方政府手中。

二、“名为市场，实为计划”：公有制条件下土地使用权制度改革

在新中国成立之后直到改革开放前，中国土地主要采取行政划拨的形式供用地单位无限期使用，并且用地单位无需支付任何费用。这种免费大餐的方式在很大程度上鼓励了用地单位的过度消费行为，由于土地使用者不用顾忌自身的经济实力，结果造成土地资源的大量浪费，一些有远见的单位甚至利用宝贵的机会大肆囤积土地，土地使用方式非常粗放。

改革开放后，由于整个社会的经济积极性被广泛地调动起来，土地作为一种稀缺资源根本无法满足日益活跃的经济行为所产生的旺盛需求。传统的土地使用者基本上属于国有机关和单位，成本和收益都在体制内消化掉。但随着多种所有制结构的建立，大量外资企业、民营企业和个体经济的用地需求大量涌现，原有的单一行政划拨方式无法适应经济和社会发展需求，政府被迫寻求土地使用权方式的变革。在整个社会由计划经济体制向社会主义市场经济体制转型的过程中，土地使用权的市场化变革是比较理想和现实的路径。但是，土地所有权的公有制和土地使用权的市场化作为土地产权制度的两个关键性变量，本身存在着内在的逻辑冲突。由于土地所有制并没有发生变化，土地使用权受到土地所有制的决定和影响，其改革所能张扬的边界受到了极大的限制，土地使用权的市场化改革必然是不彻底的。

更危险的是，土地所有权的公有制决定了土地使用权的市场化改革由政府一手主导，由于土地使用权带来的巨大利益，地方政府必然垄断土地使用权的出让，这与土地使用权的市场化改革背道而驰，扼杀了市场经济的基本要义，市场机制的优越性根本无法在垄断行为主导的土地使用权交易上发挥作用。在这里，落后的土地制度与市场化改革的浪潮形成了尖锐的反差。

地方政府对土地市场的垄断不仅造成了市场精神的灭失，同时在交易过程中，市场主体之间的地位平等根本无法实现，地方政府与土地经营使用者的地位是不对等的，地方政府行为占据主导和优势地位，必然损害了市场主体的利益。在土地市场，地方政府的角色扮演是非常复杂的，一方面，地方政府是本行政区土地市场的管理调控者，另一方面，它还是区域建设用地的实际所有者。双重身

份的重叠使得地方政府左右逢源，通过政治权力增强其市场优势，控制土地出让规模和节奏，选择出让时机，从而强化其利益实现。

地方政府通过行政权力垄断土地市场，扭曲了土地市场的供求机制，使得价格机制无法传达正常的土地市场信号。土地供给与市场需求之间出现了脱节，土地价格不能调节市场需求的变化。土地出让规模并非由市场需求来决定，而是严重受制于地方政府对土地出让收益的依赖程度，同时，地方政府土地征用的进度及自身对市场需求的判断也在某种程度上影响了其规模。

由以上分析可以判断，在保持土地所有公有制的前提下借助市场机制改革土地使用权，其必然结果是改革的“名为市场，实为计划”，相对于完全的市场机制和完全的计划机制，这种体制让地方政府通过双轨制主导了土地资源的配置，并从中获取了计划和市场之间的“价差”。

三、地方政府的盛宴：土地财政

地方增长联盟形成的最终标志和最明显表现是一些地方政府与房地产商的结盟，这种结盟既有体制方面的成因，同时也是利益的推动使然。从理论的层面分析，地方政府是地方公共利益的代言人，是各种利益主体实现的外部变量。它既有可能为房地产利益集团代言，也有可能支持失地农民、拆迁户、普通购房者等反增长联盟力量，还有可能平衡经济发展的各种社会利益，实现利益共享和均衡。对于房地产利益集团来说，要想独占地方政府的支持和配合，就必须通过利益共享机制和经济发展“交集”来与地方政府结成联盟。如果房地产利益集团通过收买地方政府个别领导人或相关部门的手段来达到目的，未免机会成本过高，而且存在着行贿的风险。如果通过体制机制的空隙去寻求整体联盟关系，则成本最低，收益最高，联盟最稳定，同时把风险降到最低。从制度的因素来看，地方政府在土地财政的引导下，为了寻求利益最大化，同时地方政府官员个体寻租机会增加，毫不犹豫地选择了与房地产利益集团结盟。

土地财政的形成是地方增长联盟形成的体制性因素。土地财政，对地方政府而言又可以称为第二财政，指的是一些地方政府依靠土地使用权的出让收益来维持地方财政开支，在某种程度上说属于预算外收入的组成部分。中国的土地财政实质上是地方政府通过卖地的土地出让金来满足财政支出，主要是依靠土地增量的创设来获取财政收入，说白了就是“卖地财政”。土地财政的实质可以从几个角度去理解。

其一，土地出让金已经成为政府“以地聚财，以地生财”的重要来源。土地出让金是指各级人民政府国土资源管理部门将土地的使用权转让给其他土地使用者，根据相关规定向使用者收取的有关土地使用权出让的交易费用，或土地使用期限已到，土地受让人需要延期使用而向国土资源管理部门交纳的续期土地出让金额，或原先通过行政划拨获得土地使用权的土地使用者，将土地使用权有偿使用、转让或投资，按规定补交差额的土地出让金额。土地出让金的最初目的是弥补基础设施建设的不足，后来慢慢发展到“以地养地”，实现建设资金的良性循环，最后变成赤裸裸的“圈地运动”，把土地变成发财的工具。

回顾近十年的土地出让金规模，我们可以清楚地看到土地财政的魔力。2003年，全国城市土地出让金达到5000多亿，相比前一年增长122.8个百分点。之后的5年内，除了2005年规模较小之外，其余年份保持稳步增长态势。2007年，土地出让突然飙升至1.2万亿。2008年，由于受到国际金融危机的影响，土地出让收入下降到9600亿元。2009年，随着中央和地方政府对房地产市场的一系列刺激措施，全年土地出让再次出现“井喷”，收入高达1.5万亿元。2010年，全国土地出让金高达2.7万亿，但同期国家审计署的一份报告却表明，全国有20多个城市廉租房建设资金提取比例严重缩水。出现如此巨额反差，人们不禁要对土地出让金的去向提出强烈的疑问。2011年，在二三线城市住宅用地增长的推动下，全国土地出让金达3.15万亿。2012年，全国土地出让金虽然减少了5000亿，但仍然达2.69万亿，总体而言，土地财政收入的规模保持了基本稳定和一定规模，占地方政府财政收入的比重在经历了连续上升后，有缓慢回落的趋势，但仍是地方发展最为依赖的资金来源之一。

其二，地方政府通过行使公共管理权和市场规制权，从房地产市场征税所获得的高额税收收入，涵盖了房地产开发、销售、持有等行为环节。2004年，住房体制改革全面走向市场化，直接结果是同期有关房地产的税收增长45个百分点。与此形成鲜明对比的是，其他社会税收总量才增加了20个百分点，连房地产税收总额的一半都没有。根据公开发布的资料分析，2004年的房地产税收中，地方政府所得高达89个百分点，即其中地方政府拿到了城镇土地使用税、房产税、固定资产投资方向调节税、车船使用税四个税种的全部收入。当然个人所得税、营业税、印花税、城市维护建设税、土地增值税五个税种基本上也由地方政府瓜分干净。再看中央政府，分配超过一半的只有外商投资企业和外国企业所得税这一个税种。根据笔者的测算，完全属于房地产类的税种有五个：房产税、城镇土地使用税、契税、土地增值税、耕地占用税，基本上属于地方政府所得，其税收总额约占全国税收的10%，占地方税收的比重约20%。此外，印花税、营业税、企业和个人所得税、城市维护建设税等税种也覆盖了房地产市场，这些具体数据不可得，但根据估算，房地产类税收可能占全国税收入的15%左右，占地方税收的30%左右。

其三，地方政府以提供公共产品和服务为借口，收取同房地产的经营和开发相关的一些费用，主要包括自来水和污水处理费、煤气或天然气安装费、公共基础设施工程配套费、环卫工程绿化费、供热供暖费等名目繁多的收费。有资料表明，在房地产的交易、建设与开发过程中，政府税费收入大约占商品房价格的35%，占土地费用的20%，这样加起来，整个房地产价格中至少一半的收入被地方政府通过各种手段拿走。除此之外，地方政府还通过建设开发区，成立土地储备交易中心，通过手中土地作为抵押获取银行贷款，从而增加了地方政府的财政支出能力，这是地方政府从土地财政中获得收益的一种隐蔽而又间接的方法。

根据有关资料的测算和统计，目前全国有3000个以上的各级政府投融资平台，其中超过70%为县区级平台公司。据鹏元资信评估统计，截至2012年3月31日，国内共有399家地方政府投融资平台公开发行过企业债，共计发行512只债券，累计融资6712.5亿元。其中，2011年发行137只，发行规模1735亿元，创历史新高。与此同时，投融资平台的主体基本上涵盖了省、市、县三个层级，地方政府手中掌握的平台数量也不断地飙升，从商业银行获取贷款的机会也大大增加。由于商业银行放贷给政府投融资平台风险较小而收益较高，导致商业银行之间的竞争日趋激化，形成了商业银行有求于地方政府的局面，竞争性放贷成为商业银行利润新的增长点，导致商业银行不断放宽贷款条件，有可能导致不良贷款急剧增加。①

在政绩考核以GDP为核心的激励机制下，土地财政已经在某种程度上异化了地方政府的行为。如果不加阻挠，地方政府的行为异化会出现"路径依赖"。②地方政府有可能由增长联盟的主导者、主动者转向为被动者，甚至有可能出现乔治·施蒂格勒笔下的"政府管制俘虏"③现象。从现在增长联盟发展的趋势分析，行政级别较低、财政缺口大的地方，面对具备雄厚实力的企业利益集团，地方政府越来越处于劣势，隐约出现了从"增长联盟"向"管制俘获"转变的趋

① 魏加宁，孙彬．地方政府投融资平台蕴藏巨大风险［J］．中国经济报告，2010（6）．

② 人们一旦选择了某个体制，由于规模经济（Economies of Scale）、学习效应（Learning Effect）、协调效应（Coordination Effect）以及适应性预期（Adaptive Effect）等因素的存在，会导致该体制沿着既定的方向不断得以自我强化。一旦人们做了某种选择，就好比走上了一条不归之路，惯性的力量会使这一选择不断自我强化，并让你轻易走不出去。

③ ［美］施蒂格勒．产业组织和政府管制［M］．上海：三联书店，1996：210-240.

势，这种发展趋势令人担忧。

四、寻租：土地市场上地方政府干预管制经济的超额收益

寻租是指政府及其官员运用行政权力对企业和个人的经济活动进行干预和管制，妨碍了市场竞争的作用，从而创造了少数有特权者取得超额收入的机会。改革开放初期，为了促进经济和社会发展，强化改革的动力，减少改革的阻力，中国实行了以增量改革为主要特征的市场经济体制改革，但由于过分关注于经济方面，忽略了政治和行政体制改革的整体推进，导致市场与计划并存、经济改革的勇往直前和政治改革的裹足不前相并行的转型期特征，为寻租活动提供了制度基础和活动空间。

在房地产市场上，政府行政权力依然一家独大，土地、资金、信贷等核心生产性要素基本上被政府垄断。如此制度环境下，一个存在于行政权力垄断与市场化之间的巨大的寻租空间生成了。同时，土地市场上诸多双轨制的运行为地方政府权力寻租提供了广泛的生存空间，如包括土地出让方式的行政划拨与有偿转让同时存在，住房分配消费的保障性住房与商品性住房双轨运行等。

虽然社会主义市场经济体制已经基本建立，“看不见的手”已经取得了配置资源的基础性地位，但由于政治体制改革的慢脚步导致制度约束极为有限，行政权力对市场的干预依然非常强悍，成熟的宏观调控机制还没有建立，因此，在具体实施过程中难免大量使用行政或政治手段。由于微观市场极度复杂，法律规范因过于抽象难以面面俱到，因而在宏观调控的过程中，行政权力被授予广泛的自由裁量权，特别是与市场经济密切相关的一些部门，被赋予了极大的自主性，具备了合理设租的制度和现实条件。

近几年来，房地产领域腐败案频发，作为房地产市场的主管部门，如国土、规划、房地产管理等部门是腐败的高发区。很明显，我们可以看出地方政府腐败官员和房地产利益集团在住房领域的利益“共生”关系。而且我们注意到，地方政府官员从增长联盟中所得收益权力大小与房地产市场关系的疏密呈正相关关系，也就是权力越大，与房地产市场越紧密，就越有可能从增长联盟中得到更多的利益，以至于远离房地产市场的部门被称为新时代的“冷衙门”。

五、地方政府官员政绩考核机制：地方增长联盟形成的内源驱动力

地方政府涉足房地产市场的政策基础是对土地的实际控制，增长联盟形成的体制因素包括土地财政和地方政府官员寻租两个层面，而以 GDP 政绩考核为机

制则是地方政府和以房地产为代表的企业利益集团结盟的内源驱动力。在“以经济建设为中心”的指挥棒下，地方政府官员要想尽快实现政绩最大化以实现其升迁目的，选择房地产市场无疑是最明智的选择。

美国学者赛奇将现行地方政府官员政绩考核指标分解为优先指标、硬指标与软指标三种。其中优先指标是关于全国整体利益的指标，往往代表着中央政府强烈的利益诉求，包括国土资源保护、社会治理等必须要完成的。而硬指标主要涵盖经济发展方向上的内容，包括完成财政收入任务以及实现经济快速发展等。软指标往往与民生事业联系在一起，如健康、公平、环保、住房保障等。对于地方官员来说，完成优先指标和硬指标是最重要的。① 但由于不同时期的中央政府和上级政府对公共问题的偏好和关注度不同，这些指标在考评体系中所占权重往往也出现较大的差异。由于以 GDP 为指挥棒的经济考评体系广受社会舆论的指责和批评，为了平息社会的愤怒和怨气，政府在政绩考核体系里面增加了社会事业发展指标所占比重，环保、医疗、住房、教育、公平等民生事业受到越来越多的关注。然而实际情况并不乐观，以经济绩效为主的政绩考核方式并没有发生根本性的改变，广东、上海等经济发达地区的领导人出任政治局委员的几率远远高于经济落后地区就是非常有力的证据。晋升考核机制迫使地方政府官员卷入“政治锦标赛”中，疯狂的“政治晋升博弈”由此产生。周黎安是这样解释的：中国自改革开放以来推行的以经济增长为基础的晋升锦标赛，结合它在中国各级地方政府的放大机制，实际上让每一级政府都处于增长竞争格局，让每个官员的仕途升迁都与本地经济增长挂钩，调动其推动地方经济发展的积极性，这在相当程度上解决了监督激励依次递减和信息不对称的问题，大大节约了监督成本。② 在这种考评体系的指挥下，地方政府官员想方设法去发展本地经济，要想在短期内实现突破和飞跃，增加投资就成为推动地方经济发展的有效“法宝”。

经济的快速发展对于地方基础设施建设提出了更高的要求，这本是地方政府的职责，但由于地方财力有限或者地方政府不愿意为其“买单”，地方公共基础设施建设的“重任”就落到了开发商身上，为了给予一定的补偿，地方政府“只能在某种程度上对房地产利益集团的诸多违法行为‘睁一只眼、闭一只眼’，以弥补开发商在公共设施供给方面代替政府出资的代价，由于一些地方政府与房地产利益集团之间存在异常密切的关系，使政府很难公平地对待被拆迁群体”③。

① ［美］托尼·赛奇．盲人摸象：中国地方政府分析［J］．经济社会体制比较，2006（4）．

② 周黎安．晋升博弈中政府官员的激励与合作［J］．经济研究，2004（4）．

③ 牛凤瑞．中国房地产发展报告［M］．北京：社会科学文献出版社，2005：304．

地方政府在经济发展过程中，选择了和企业利益集团结成增长联盟，其结果是地方政府作为地方公共利益代表的角色被遗忘和忽视，反倒是“经济人”的角色被不断强化，最终后果是地方政府成为赤裸裸的利益追求者，这是房地产市场以及经济发展中地方政府行为异化的症结所在。

第四节　增长联盟发展的三个阶段

从中国改革开放的发展历程来分析，我们可以把地方增长联盟的发展分解为三个发展阶段，三个阶段的划分实际上与社会主义市场经济体制的建立和完善过程基本保持一致。

一、地方公有制企业：直接的地方保护主义

第一个发展阶段，也就是社会主义市场经济发展的初创时期，这一时期增长联盟的主体是地方政府与国有企业、乡镇企业等公有制企业。由于公有制企业生产经营管理受到政府的严格管制，并没有形成独立的市场经济主体，也不具备独立的法人资格。因此，公有制经济资源基本缺乏流动性，与地方保持着异常密切的关系。对于地方政府而言，公有制经济直接提供了税源和财政收入。因此，地方政府对于这些企业的保护非常直接，或制造地方保护主义建立贸易壁垒免除公有企业的外部竞争压力，采取减免税政策等优惠行为减轻企业负担，或提供直接资金援助等经济行为扶持企业发展壮大，通过行政干预直接管制企业。

二、外来投资的特殊政策：招商引资

第二个发展阶段，随着市场经济的逐步完善，改革开放力度加大，对外开放的大门已经彻底打开，全球和区域经济一体化带来的直接后果是资源的流动性日趋活跃。随着国有企业改革和乡镇企业的剥离，地方政府与公有企业的利益集合在减少。由于投资成为拉动经济增长的主渠道，吸引外资成为地方政府的首选。于是，地方增长联盟的主体另一方变成了外商投资企业和民营企业。为了招商引资，地方政府使出浑身解数，竞相通过各种优惠政策来吸引外来投资。

三、房地产市场：稳固的增长联盟

第三个发展阶段，随着房地产市场走向全面市场化，中国的房地产行业如雨后春笋，异常繁荣。相比前两个发展阶段，增长联盟的稳固度更强。对于经济利

益集团而言，房地产严重依赖于土地供给，而土地供给掌握在地方政府手中，因此房地产利益集团有求于地方政府。对于地方政府来说，房地产业能够在极短时间内促进经济增长，对于地方政府政绩的显现作用突出。两股力量实现了利益的最大“交集”，于是房地产利益集团成为地方增长联盟的“新宠”。

第四章　地方增长联盟的复杂关系

改革开放前，由于国家利益、集体利益至上，个体和团体的利益被压制和忽视。改革开放以后，随着社会的发展进步，个体意识不断觉醒，利益的多元化趋势越来越明显，集体大局利益观被极大地削弱，在市场经济的大潮中，追逐个体利益成为理性的选择，随着社会文明的进步和人们权利意识的不断增强，市场经济条件下的多元化利益时代即将来临。在法律法规的约束下，各种主体追求利益的过程应该有相应的谈判机制，实现利益的全方位、多角度以及连续不断的利益整合，以实现各司其职、各归其位的整体有序。

然而，在地方增长联盟的形成过程中，由于社会的强势主体——政治精英和经济精英因为利益"交集"而走到了一起，打破了利益均衡，对社会的公平、公正和公开秩序构成了严重威胁。而地方增长联盟的内部也并非铁板一块，而是充满着复杂的利益博弈关系。

从世界各国经济发展的历史和现实可以看出，政府与市场的相互作用是地方和社会发展的必要前提。只不过由于外部环境的变化，政府与市场的关系不断发生着变化，充满着复杂的博弈和相互关系的历史变迁。可以说，"政府在市场经济运行过程中的作用并非保持不变，而是根据市场经济发展的实际情况而不断地调整行使权力的范围和程度"①，"在市场经济的历史变迁中，各国政府干预和市场机制就经历了一个此消彼长的过程"②。政府作用和市场机制在增长联盟中地位的不断变化，实质是两种社会主体力量较量的结果。

在我国经济社会转型的过程中，地方政府与市场机制的关系表现得更为复杂化。从地方政府的层面而言，由于直接掌控的各种资本不断减少，为了实现自身利益最大化，地方政府需要依靠市场的力量；从市场的角度来说，企业只有通过借助政府的权力才能获得稳定的垄断利益。在此共同点上，政府与市场找到了实现双赢的切入点。结盟之后，地方政府利用在市场领域的独占地位来获得超额利润，或者撕破面具直接使用行政权力干预市场来实现自身政治经济利益的最大

---

① 卢现祥．寻租经济学导论［M］．北京：中国财政经济出版社，2000：104-124.

② 唐燕．经济转型期城市规划决策与管理中的寻租分析［J］．城市规划，2005（1）.

化；市场主体并非被动地接受，而是根据自身利益最大化的判断，来选择是否支持或干脆予以抵制。

由于地方政府自身发生了明显的变化，导致地方政府与社会之间的关系发生了明显的调整，这种变化来源于地方政府对自身利益追求的明确化和明显化。一方面，地方政府通过消极反应或甚至直接抵制中央决策的贯彻来维护和实现地方自身利益、部门利益以及官员自我利益。另一个方面，地方政府的行政权力主要来源于上级政府的授权，而且随着中央和上级垂直管理的部门越来越多，地方社会对地方政府的约束极其微弱；加上“异地任职”成为一条不成文的规定，官员的任期也越来越短，官员与地方社会的纽带在逐渐消解；很多官员将其住宅安置在任职的上一级城市，选择了“周一周五上班，周末回大城市家中”的生活方式，与出生地社会和任职区域的日常关系也在逐步脱离。这种种行为使得地方政府的自主性表现得淋漓尽致，通过远离中央而保持了相对独立，通过远离地方社会而摆脱了民众的控制。中央政府分权与地方民主授权之间出现了断层，导致地方政府的权力运行无法形成有效监控的闭合空间。转轨期的少数地方政府成为一个“怪胎”——对地方经济增长有着迫切期望，对追求自身利益的最大化急不可待。而由于地方政府拥有种种特权，会通过掌控的行政权力和垄断资源与地方经济利益集团结成增长联盟。当然，由于利益的争夺和博弈，增长联盟的关系错综复杂。

第一节　地方增长联盟博弈的出发点

一、政党官僚制的整合与机会主义的冲突

（一）内部任命制度：政党官僚制的运作逻辑

在现代社会的治理结构中，官僚制扮演着重要角色，可以说，现代社会的大型组织，包括政党、政府、军队、企业和社会团体都是通过理性的官僚制来实现对组织的有效管理，从而提高管理效率。现代民族国家通过官僚系统对经济社会生活实施有效的运作从而支撑政府的运转和公共管理的实现。当然，国家的政治行为同时也会受到官僚制的反作用和影响。

从组织理论上看，官僚体制面临的一个突出问题就是信息传递问题。哈丁（Harding）认为，正如上级领导者希望下级能够独立判断并执行组织命令一样，他们也必须依靠下级报告其部门的工作绩效和组织环境。正如下级通常会滥用自己的自由裁量权以谋取自己的私利一样，他们也会有动力扭曲向上级报告的信息。下级习惯于报喜不报忧，习惯于报告上级偏爱的、对自己有利的，或者能够

提高本部门资源的信息。他们也通常会向上级提供一些他们认为上级乐于看到的东西，而另外一些则被有意掩饰起来，即使不能完全掩饰，也会尽力降低其重要性。这种信息扭曲的不断累积就会严重限制领导者进行有效决策的能力。①

由于官僚制依赖的是等级森严的科层管理体系，从开放性的角度来说，管理制具有明显内部运作特征，在某种程度上排斥了社会的公开介入，以保证其稳定运行。在民主社会，由于政治对行政的控制，公众可以依靠政治体系的运行对官僚制实施监督并要求其作出回应，同时民众可以通过进入官僚制体系内部去实现自己的意志。中国虽然一再强调党的群众路线，但由于政府官僚制被政党官僚制所取代，政治的利益表达机制和官僚竞争体系被制度性地解构了，通过一党执政垄断了政治参与机会，通往高层的渠道被任命制所垄断，其他通道基本被关闭。

按照现代政治运作的逻辑，公共政策的制定阶段属于公众参与的主阵地，但相关研究显示，中国的公众参与在制定阶段并没有发挥任何作用，被排除在外。反而是在执行阶段，公众才有机会表达自己的意志，但问题是，此时的参与往往通过诸如反抗、上访等极端的方式来进行，或者公众选择了沉默或不作为。由于官僚的升迁依赖于任命制度，政治市场上民众的评价无关紧要，整个晋升渠道是自上而下的单向度。于是，晋升的官员只是官僚制内部的极少数竞争者，决定权完全掌握于上级首长。升迁的首要标准和关键权重是经济发展状况，GDP 的具体数字决定了官员是否晋升。由于官僚制并不具有代议制性质的代表性，地方政府除了在利益“交集”里和企业利益集团有关联之外，实际上与地方社会的关联度非常低，缺乏利益连带的体制和机制。政治精英的任命制度迫使地方领导人选择在官僚体制内谋求职位的保持或升迁，至于地方民众的支持和信任则无关紧要。在这里，官僚统治型体制对于公众利益的反应并不积极，在某种程度上说属于严重迟钝状态。

在政治权力体制内部，通过纵向垂直的权威控制，任命制度对官员形成了有效刺激。中央政府和上级政府在控制地方官员升迁方面拥有绝对权力，这是中西方官员晋升模式的显著差异。美国学者谢淑立（Susan Shirk）在探讨中国的中央和地方官员的“双向负责”的关系时也强调，“在共产主义国家，制度是等级森严的，党的高级领导人任命党和政府的下级官员，并指挥军队。即使 1984 年开始分权化改革之后，党中央还是有权任命最少五百名国家高级干部，包括各省的省长和省委书记，中央各部、委员会正职，中央部门领导人，高级军官，甚至全国人大常委。虽然，这些官员都被期望表达他们自己所在地方、部门的利益偏

---

① Harry Harding. *Organizing China*: *The Problem of Bureaucracy 1949-1976* [M]. California: Standford University Press, 1981: 5.

好，但是他们还是很会看中央领导人的脸色的，因为其政治生涯掌控在这些领导人手中。"① 这种描述或许过分夸张，但是职位晋升成为中央政府激励地方官员的重要手段是毋庸置疑的，这本身也是符合官僚制组织结构的特性的。中央政府通过干部考核制度控制地方官员，并把官僚体制内部晋升机制作为激励地方官员和中央保持一致的核心因素。从理论层面上来讲，这种治理结构消解了地方政府和下级政府自主性，任命制度形成了"僚"只能依附"官"才能保持。按照韦伯官僚制的解释，择优录取在选举式和任命制的官僚系统中皆能实现，但是任命制度决定了激励体系无法摆脱人格化的困扰，上级对下级的控制权极大地增强了其作用。只有取悦于上级政府及其领导人，晋升才有可能实现。在政绩考核体系逐步制度化之后，取悦上级的制度化措施能实现政治绩效的最大化。

改革开放以后，"以阶级斗争为纲"的政治挂帅被果断抛弃，对官员晋升的标准改为经济绩效的实现，于是经济增长成为地方政府的首要任务，也是官员升迁的决定性指标。上级政府按照经济增长指数来选拔晋升官员，于是地方政府竞争的主战场转移到经济发展方面，这也解释了改革开放后的地方政府对于经济发展极度迷恋的原因。

（二）多重利益的复合体：机会主义的成因

理论上的分析并不能代替事实的描述，按前面的分析，中央政府通过在执政党内部实施严格的官僚制度从而实现对全国的治理。按说政党高度一体化并不会出现"上有政策，下有对策"这种情形，但是事实上连前任政府总理也不得不承认"政策不出中南海"。如何解释这种困境，我们可以通过引入机会主义来进行分析。所谓机会主义，在制度经济学看来，即人们在经济活动中总是尽最大能力保护和增加自己的利益。自私且不惜损人，只要有机会，就会损人利己。机会主义之所以产生，在于行为主体的个体利益和其他利益主体利益的不统一。由于不可能存在完全相同的利益，利益差别在社会和组织里是普遍的，因此机会主义也广泛存在。当然，机会主义有多种表现形式，既有损人利己，也有逃避责任，还有不作为及不按规则办事等各种形式。

由于机会主义的广泛存在，组织管理的有效性受到极大的削弱。在中国的治理结构中，不管是中央政府还是地方政府，可以说都存在着机会主义。就中央政府而言，相对于地方政府来说，它是委托人；对于全国民众来说，它又是代理人。它既代表着全国的整体和长远利益，同时根据公共选择理论的假设，它也具备自身的特殊利益，是双重利益的"集合体"。在中央政府的决策中，当然倾向

---

① Susan L · Shirk. *The Political Logic of Economic Reform in China* [M]. California: University of California Press, 1993: 83.

于制定更有利于自身利益的政策，特别是当中央政府的决策过多强调自身利益，以致全国利益被忽视时，机会主义在中央政府身上就出现了。

相对而言，地方政府的角色扮演更为复杂化。地方政府可以说是三重利益的“聚合体”：作为区域民众的代理人，要维护本行政区的地方利益；作为中央政府在辖区的代理人，要维护中央的权威，体现“全国一盘棋”；作为“经济人”，要追求其作为管理者的特殊利益。利益的重合使得地方政府机会主义的表现异常复杂。粗略地讲，地方政府作为双重代理人的角色引发机会主义，强化地方利益必然损害整体利益，追求自身利益又容易造成更为严重的机会主义。

机会主义对政党官僚制的冲击根源于利益的冲突，由于制度环境的软约束，表现为中央政府和地方政府效用的差别。其理论后果是政府离“公共性”的根本宗旨越走越远，变成了利益至上的公司，自身合法性受到质疑，也损害了社会的公正性，实践后果是财政资源配置的扭曲以及政府行为的异化。

问题是，虽然机会主义广泛存在，但为什么在中央政府和地方政府关系上表现得如此明显？我们可以总结为三个方面：改革开放后渐进式改革导致的制度不规范；中央和地方关系的严重不均衡；地方政府的信息优势。

政府机会主义的后果，是严重扭曲了财政资源的合理调配，政府行政的公正性受到损害，会产生严重的合法性危机，这对于政府而言是致命的伤害。中央政府和地方政府机会主义产生的根本原因在于：中央与地方的关系上，渐进式改革导致的财政边界不清晰，对中央高度集权的毫无机制约束，以及中央与地方信息不对称中地方政府作为区域管理者所掌握的信息优势。

第一，渐进式改革导致的财政边界模糊是中央政府和地方政府机会主义产生的最重要因素。新中国成立后，中央政府占据主导地位，在央地财政关系的改革上始终把握全局，改革的实质实际上是在中央集权和地方分权上找到双方都能接受的平衡点。由于中央政府与地方政府的财政关系涉及权力体系和治理结构，因此改革非常复杂，涉及利益的重大调整，由于没有现成的经验可以借鉴，改革的过程也表现出了明显的“中国特色”，即“摸着石头过河”，通过在改革中不断探索，逐步进行完善，这点和西方先确定游戏规则，再进行改革的立宪制规则明显不同。

按照林德布鲁姆的分析，渐进式改革有着明显的优势，可以减少改革遇到的阻力，避免社会出现大的动荡，充分照顾各社会主体的利益，对于改革开放后中国政府的变革具有明显的适用性，但渐进式改革也具备不完全性。① 由于中央政

① ［美］林德布鲁姆．决策过程［M］．上海：上海译文出版社，1988：43.

府和地方政府的改革目标并不清晰，在财政关系上各自的权利义务比较模糊，两者的契约关系是不完备的，这就为双方寻找契约的漏洞埋下了伏笔。由于中央政府在契约执行中占据主导地位，可以根据社会发展状况和自身判断修改变更合同，即拥有合同的修改权和剩余控制权。由于中央政府的这一特权，地方政府不免感到紧张，深恐央地契约随时可能出现变动，这种焦虑感迫使地方政府主动与中央政府讨价还价来维护和扩大地方利益。而中央政府为了激发地方政府的积极性，在保留中央权威的基础上，必须赋予地方政府一定的自主性，改革便是在这种制度化的行政框架内实现了制度的渐进调适。因此，渐进式改革形成的财政包干制度、分税制和经济建设为主的 GDP 考核机制，成为地方政府追求自身利益最大化的制度性因素。

第二，中央政府机会主义源于毫无约束机制的中央高度集权。自秦以降，中央集权就成为治理结构的核心。现行的政治体制，使得中央政府具备了高度的行政集权，通过单向度的命令式对地方实施统治和治理。中央政府拥有绝对的权威，通过官员的人事任免、制定考核激励制度、树立整体目标、统筹社会发展来行使最高权力，权力行使的自上而下链条完整而严谨，中央政府是最终决策的制定者和政策执行的主导者。在这种逻辑思维下，当地方政府执行出现问题时，人们习惯性思维方式是强化中央政府的监管，加大其权力，并没有考虑到中央政府可能并不是绝对的正确。其结果是中央政府的权威被进一步强化，中央政府权力的滥用便有可能滋生中央政府的机会主义。

在中央政府主导治理的同时，对中央集权并没有形成严格完整的规范。不管是宪法还是法律，以及中央的各项政策，都没有明确规范和界定中央政府的权力与义务。因此，在中央和地方关系的调整中，中央政府的权力调整都有很强的随意性，地方政府根本无法与之抗衡，改革总是以中央政府的意志为转移，对中央的有效约束无法实现。

第三，地方机会主义源于地方政府作为区域管理者所掌握的信息优势。在中央政府和地方政府的关系上，地方政府寻求的是自身利益的最大化，前提是不损害全局整体利益。从理论的层面来讲，地方政府受到中央政府的约束是比较多的。总的来说，从政治层面是自上而下的任命制度，从经济层面讲包括财政收入和财政支出。“官帽子”和“钱袋子”都掌握在中央手中，特别是“钱袋子”往往更加有力。从财政收入来说，地方政府筹集财政收入的制度依据都是由中央政府提供的，地方政府无权制定收入规则，甚至连借债的权利也没有；就财政支出而言，地方财政支出必须纳入国家预算的“总盘子”里，是国家预算的组成部分。

但是，随着分权化改革的持续进行，中央政府下放了更多的人事大权和物质财富分配权力，地方政府拥有了更多的体制资本，尽管承担了更多的责任和义务，但总体而言，信息不对称的优势偏向了地方政府。随着社会的日趋复杂化，地方政府由于接近社会基层，拥有更多的信息资源，特别是中央政府治理全国的信息也需要地方政府来提供。在中央和地方的复杂关系中，地方政府利用所掌控的信息优势，在规则不稳定甚至无规则的前提下，与中央政府进行着“以弱对强”的博弈。

二、委托—代理理论下的地方政府

由于历史因素的影响和现实政策的差异，地方经济发展不平衡表现得非常明显，这种严重的不平衡造成了区域差异，以至于各个地方政府在解读中央政府精神时必然出现较大的差距，地方政府的主要任务是寻找到本行政区经济可持续增长的可能上升空间。与此同时，由于分权制赋予了地方政府自主性，地方政府作为利益主体已经形成，对经济发展有了强烈的动力和积极性。

然而需要注意的是，由于中央政府和地方政府的财权事权划分并不清晰，缺乏科学的论证和法律的约束，随意性比较强，又因为中央和地方之间刚性约束的缺失，地方政府必然寻求中央政府优惠政策的支持从而使自身利益最大化，并在现存制度体系的边缘进行自发制度创新。这些地方在这种愿望的驱使下，开始思考如何把握中央政府制度与政策供给的意愿范围，以及向中央政府索要制度创新权所容忍许的地步。于是，“能够成功把握中央政府意愿和容忍程度的地方政府便获利甚多，而那些不能准确理解的地方政府，从中央政府那里获得的利益相对要少。这是由于制度供给缺乏游戏规则所导致的地方政府职能的差别，从体制方面说明了由于制度创新权的分配不平等所产生的区域经济发展不平衡”①。在中央政府与地方政府的复杂博弈下，两大主体都期望自身利益的最大化能够实现。地方政府有着无限增加其权限的冲动，已严重影响到市场经济体制的建立和对外开放的进一步深入，为此，中央政府从20世纪90年代起开始了中央权力再集中的努力，但遭到地方政府的强烈抵制，“上有政策，下有对策”就是一种典型的表达方式。

随着政治和经济体制改革的深化拓展，社会各种主体的利益关系出现了重大变化，就地方政府而言，作为联系中央政府与底层群众之间传递信息、沟通协调的纽带，呈现出复杂的表现形式。作为追求自身利益最大化的理性“经济人”，地方政府已经不再表现为中央政府的附属品，而是具备了独立的特殊利益，作为

---

①　沈荣华．论WTO与我国地方政府管理体制改革——基于K县政府与经济开发区的关系分析［J］．政治学研究，2002（1）．

中央政府在区域治理的代理人，其地方治理行为不仅仅是忠实执行中央政府的决策，而是追逐利益最大化的同时有效规避中央政府的监管，实现收益的最大化和风险的最小化。

前面已经分析到，委托—代理理论非常适用于现今中央政府和地方政府的相互关系：中央政府代表全国整体利益，根据选民意志制定法律规范和政策措施，成为委托人；地方政府在区域治理中代表中央政府，并为此承担责任，成为代理人。作为委托人的中央政府和作为代理人的地方政府在效用函数上存在着明显的利益差异，代理人为了追求自身利益的最大化往往突破委托人的束缚和限制，由于存在着信息不对称，代理人的道德风险行为极易损害委托人的权益，这就需要委托人对代理人实施有限的监管和激励，使代理人的行为在可控可制约的范围内行动。然而，由于中央政府和地方政府在信息上的严重不对称，地方政府凭借掌控的优势，垄断信息资源，对各种有效信息实施区别对待，如夸大宣传正面信息、过滤屏蔽负面消息，使得中央政府要么花费巨额成本去核实信息的真实性，要么选择相信地方政府提供的信息。由于垄断信息的风险成本极低，被发现的几率也比较小，地方政府凭借信息优势追求自身利益最大化的底气越来越足。总之，利益函数的不一致以及信息不对称，为地方政府追求自身利益最大化提供了极好的机会和借口，并把这种追求巧妙地隐藏起来。

随着民主政治的进一步发展和市场经济的完善，政府职能转变的任务越来越迫切。转型期的中国，由于处于后发展型体制，政府在实现现代化过程中的地位非常关键，是现代化的关键主体和推进力量，承担着培育市场主体、完善市场环境、规范市场行为等责任。由于社会主体利益日益多元化，社会的不可治理性越来越明显，传统的管理模式无法应对社会出现的新问题和新气象，只有实现公共服务和公共治理的职能转型，才能实现社会的有序治理，达到公平正义的目标。在等级森严的“金字塔”型治理结构中，中央政府是包括职能转变在内的一切改革的主导者与推进者，与此形成明显对比的是地方政府在改革层面上明显落后中央一拍，这既有地方政府作为被动接受者的尴尬因素，政绩考评体系的制度设计也存在着明显的问题。在 GDP 作为考评核心体系没有根本改观的背景下，地方政府官员为了自身收益最大化，经济发展成为最好的选择，至于公共产品的有效供给和社会治理的良性循环则被忽视了。地方政府的两难困境决定了地方政府行为的摇摆性：既要满足中央的要求，也要追求自身利益的实现。

一直以来，中央政府与地方政府委托—代理关系的确定很大程度上要依靠中央和地方的讨价还价谈判来实现，由于各自的权利义务并没有明确的规定，因此，这种双边谈判的不确定性和偶然性导致了中央和地方委托—代理问题的进一步加剧，表现在以下几个方面：首先，中央政府需要同时应对全国众多的地方政府，谈判的高额成本费用在所难免。其次，中央政府与某一地方政府的谈判结果往往具有示范效应，导致其他地方政府利益均沾，甚至要价越来越高，地方政府从中获取了更多的利益。最后，由于中央政府和地方政府依赖的是不具长久性和稳定性的多次谈判机制，并不具备制度意义上的稳定性，那么意味着谈判结果并不稳固。作为谈判的主导者中央政府随时有可能改变谈判结果，收回一些赋予地方的优惠政策。面对这种情景，地方政府一旦得到任何优惠政策，就会过度利用，造成的恶果不可小视。在改革初期，中央政府为了促进经济增长从而允许一些地方政府拥有税收优惠的自主权，结果各地的优惠措施纷纷出台，“只有更优惠，没有最优惠”，全国税收政策一片混乱，甚至直接威胁到国家法律的尊严。

三、政治交易过程中的“经济人”

公共选择理论认为，政府机关及其工作人员与市场过程中的企业一样，也遵循“经济人”的假设，也就是其行政行为并不是为了所谓的“公共利益”，而是寻求自身利益的最大化，同时尽可能减低风险。在此过程中，它们为了自身利益极有可能违背政府的本身职责，从而损害社会和公众的利益。中央政府作为全社会整体利益的代表，将民众利益上升为公共政策并付诸实施，以此增强政府的合法性。当然，作为“经济人”，中央政府的机会主义也有可能突破公共利益的限制。对于地方政府来说，除了忠实执行中央政府的决策之外，出于对自身利益的追逐，也有可能对中央政府的政策选择性或对抗性执行，特别是当中央政府的决定明显损害地方政府利益的时候，这种对抗或变相执行就表现得异常明显。

四、权力的稀缺性和利益性

处于转型期的中国，作为改革的主导者的政府的权力依然十分庞大，而作为一种稀缺的垄断资源，权力和其他资本相比，其特点是通过权力可以派生出更多的金钱和物质，这种“利润”的获取是不需要投入任何成本的，属于非生产性领域的“蛋糕分割”。由于中国的市场经济还不完善，需要政府去整体推动，加上政府掌握了庞大的信息资源，使得中国的各级政府对市场和社会的控制力非常强大，由于权力是一种稀缺资源，掌握权力的政府及官员就成为整个社会追捧的对象，社会主体都希望借助和政府的结盟来谋取自身福利的最大化。对于掌握巨大权力的政府及其官员来说，其权力触角延伸到社会的各个角落，深刻影响了民众的现实生活。一旦掌握了权力，就拥有了政治权势和社会地位，更关键的是权力能带来更多的经济收益。

由于市场经济的竞争机制并没有完全建立，完全通过参与市场竞争带来的利润并不可观，因此更多的市场主体选择把重点放在依靠行政权力来获取高额剩余价值上，而对于改善企业经营管理水平以及促进技术进步并不十分关心。斯蒂格勒在分析官僚行为的时候提出了政府管制俘虏理论：政府管制是为满足产业对管制的需要而产生的，而管制机构最终会被产业所俘虏。由于被管制利益集团的数量比较小，管制俘虏收益十分集中，因此，很容易团结起来形成整体行动从而影响政府的决策。本来作为管制特殊利益集团的政府部门，摇身一变，却成为被俘虏的对象，制定的政策十分有利于被管制者，结果政府成了特殊利益集团的“保护伞”。

五、褒贬不一的利益集团

利益集团的形成是改革开放后才开始的，由于转型期组织的变革，原先的单位制度解体了，新的代替机制还没有形成，利益集团利用这一空当，凭借组织优势和雄厚资本为组织自身和其成员谋求利益最大化，也吸引了众多的社会组织和个人加入其中，更加强化了利益集团的整体力量，成为中国政治生活和经济发展的重要力量。

利益集团并非一无是处，市场经济的建立初期，成长起来的利益集团追求特殊利益的主观动机在某种程度上带来的是客观上的积极效应，特别是在市场制度完善的过程中，利益集团也不自觉地产生了特殊的“溢出效应”：积极参与市场规则的完善，鼓动取缔各种贸易管制和壁垒，破除地方保护主义和“诸侯经济”，谋取自身利益同时为其他主体提供了方便等。在利益集团的努力下，市场化的改革进一步深化，阻碍市场成熟的地方保护势力和贸易壁垒开始解体，独立主导社会的官僚集团权势也在某种程度上受到一定的制约和束缚，由此社会的现代化进程向前跨越了一大步。

但是，在市场机制的进一步完善过程中，由于政府自身职能的缺位和社会阶层分化以及贫富差距悬殊等社会系统的漏洞，被利益集团利用，通过组织势力和信息资源优势，攫取了更多的社会财富。在社会总量“大盘子”保持一定的前提下，利益集团实现获利必然损害其他主体的利益。而且，利益集团并不是依靠创造和生产来获取社会财富，而是通过与政府结盟，来瓜分一部分社会财富。对于普通社会组织来说，在提高社会效益的同时承担相应的成本和代价，但利益集团非生产性地获取大量财富，这必然造成一种示范效应，导致其他组织也纷纷步其后尘。其结果是大家都去瓜分财富，而财富的创造过程却无人问津。长此以往，整个社会发展就无从实现。因此，从整个层面而言，利益集团是以现代化进程的阻碍者和社会公平正义的破坏者面目出现的。

由于中国的政治体制改革进展迟缓，行政权力膨胀明显，政府的行为透明度不高，公众无法通过投票等行为影响制约公共政策的制定，对政府行为的有效监督不足。另一方面，利益集团的天性是追逐利益，双方作为无约束的“经济人”，形成了复杂的相互关系。利益集团通过各种手段，从政府及其官员那里获得了长期的稳定高额利润和特权，造成了贫富差距悬殊、社会成员的分层隔阂、资源配置的扭曲，整个社会的进步也受到了威胁。特别是强势利益集团，往往在某种程度上绑架了地方政府，尤其是低层级的基层政府。其结果是地方政府丧失了政府公共性和服务性，变成了一个追求利益的“公司”。在“以经济建设为中心”口号的支配下，政府在公平与效率方面明显偏向了效率，对于公平则直接漠视了。在经济利益集团和地方政府形成增长联盟后，利益集团实际上在和公众的博弈中取得了胜利。时至今日，政府治理和改革中的诸多困境，其根源在于既得利益集团的阻挠。

第二节　中央政府与地方政府和利益集团的博弈

一、中央政府和地方增长联盟的博弈

中央政府作为整个社会的利益代言人，代表着国家的整体和长远利益。由于地方政府与经济利益集团形成了联盟关系。因此，我们假设地方政府和利益集团在与中央政府的博弈中处于同一阵线，三者之间的博弈关系变成了双方博弈，也就是中央政府与增长联盟之间的较量。我们可以通过下面一个简单的图表来反映这种博弈（如表 4-1 所示）。

表 4-1　**双方博弈策略示意表**

D \ Y	认同	拒绝
无任何措施	Y：代价极低，成功实施； D：主动性强，收益较小	Y：代价较低，损失严重； D：阳奉阴违，利益最大化
行使权威	Y：代价较高，付出努力 D：收益较小，被迫接受	Y：代价较高，损失严重 D：收益较小，代价惨重

注：Y 表示中央政府，D 表示地方增长联盟

在策略一中，中央政府的政策得到了地方增长联盟的认同，中央没有采取任

何强制性手段，地方政府及利益集团就能认真加以贯彻实施，主动性强。因此中央政府也无须花费巨额代价，其决策就得到了地方的积极响应。这是中央政府非常乐意看到的，由于中央政府代表了全社会的整体利益，因此民众对于这种结果是拥护和支持的。

在策略二中，中央政府没有通过强制措施来实施，地方增长联盟从自身利益角度出发，对中央政府的政策采取不合作的方式，阳奉阴违。此种情形下，显然中央政府的政策没有起到应有的作用，决策无法落实，虽然执行成本降低，但却没有执行效果。特别是由于地方政府的不合作，让整个社会付出了较高代价。这是地方政府及利益集团所期待的理想结果。

在策略三中，中央政府的态度强硬，通过强制方式保证决策得以实现，地方增长联盟接受了中央政府的权威，此种情形下，政策实施的代价比较低，由于中央政府的集权，保证了实施的高效，中央政府和地方政府都获得了良好的政治声誉和地位。对于地方政府而言，代价是利益受到了损失，不过因为毫无保留地执行了中央政策而得到了中央政府的肯定，地方政府官员获得了政治升迁的资本以及未来中央政府在别的政策方面的适当照顾。

在策略四中，由于地方增长联盟的抵制，中央的决策无法实施，中央政府被迫采取强有力措施来迫使地方政府予以执行，地方政府在压力下被迫执行中央的决策。由此带来的后果是行政执行的代价非常高昂，浪费了大量社会资源。地方政府因执行不力或选择性贯彻执行而受到社会的强烈批评，在中央政府心目中的形象大打折扣，同时地方增长联盟的自身利益也因受到束缚。这种策略在现实中广泛存在，使得整个社会都为此付出了巨大代价。

二、房地产市场调控：一个典型样本的分析

如果我们仔细考察制造业和服务业的产业特点，这种差别性的出让策略并不难理解。制造业部门，特别是那些中国具有比较优势的中、低端制造业部门，有一个重要特点是缺乏区位特质性。换句话说，大部分制造业企业并不是为本地消费者进行生产，他们往往是为其他地区乃至其他国家消费者生产可贸易商品。在国内各地区乃至全球争夺制造业生产投资的激烈竞争下，这些企业对生产成本非常敏感，而且也很容易进行生产区位的调整。面对制造业部门较高的流动性，处于强大区域竞争压力下的地方政府不得不提供包括廉价土地、补贴性基础设施乃至企业所得税减免、放松环境政策和劳动管制在内的一整套优惠政策包。在这种背景下，地方政府以协议方式来低价乃至零地价或负地价出让工业用地则不足为奇。他们往往并不预期工业用地出让能够给地方政府带来净收入，甚至可以接受短期内财政上的净损失。

与制造业不同，大部分服务业部门提供的是被本地居民消费的服务，这些非贸易品服务必须在本地被提供和消费。而由于地方政府基本垄断了本地商、住用地一级市场，从而在提供商、住用地上有很强的谈判能力，结果是，虽然工业用地由于各地投资竞争而形成“全国性买方市场”，但在商、住用地方面形成了众多“局域性卖方市场”。地方政府完全可以通过“招、拍、挂”的方式高价出让土地，并将这种高地价转嫁给本地服务业的消费者。

所以，我们自然会观察到，地方政府通过设立“土地储备中心”来调节和控制商、住用地的供地规模，提高其商住用地土地出让金收入。在商住用地上，很多地方政府成立土地储备中心，垄断城市土地一级市场，通过限制商住用地的供应并以“招、拍、挂”的竞争性方式出让土地来获得最大化出让金收入，当然这样做的结果是推高了地价和房价，而地方政府也从房地产开发、高地价、高房价中获得可观的营业税和各种土地规费收入。

上述纽带导致中国出现了非常强的地方增长联盟，地方政府、房地产开发商和银行共同经营城市——吸引更多企业落户工业园区，建设交通网络等基础设施，造更大更豪华的公寓，修建富丽堂皇的购物中心，等等。地方政府则收获了丰厚的土地出让金以及土地房产相关的税金。房地产开发商支付高额土地出让金给地方政府，但是由于地方政府控制商、住用地供应，他们可以放心地把成本转嫁到消费者身上并收获丰厚利润。最后，银行提供了关键的资金用来保证运转。

房地产开发商需要贷款购买土地、发展物业，消费者依赖于银行提供的资金购买房子。地方政府也建立了许多城市开发公司和基础设施投融资平台。由于有政府担保和廉价土地储备，这些公司成为当地银行的宠儿，大规模的贷款进一步加剧了房地产开发热潮。这三方共同合作，带来了中国的城市化运动。在许多城市，当地官员发现可以以低廉价格来征用拆迁农民的耕地和宅基地，一旦选址得到清理，开发商和银行就开始介入。房地产开发商和当地官员的关系如此亲密，使得几乎所有发达地区在近几年都有与土地和房产开发相关的腐败案件出现。

土地开发、土地征用等圈地行为虽然消耗了宝贵的土地资源，却能够在短期内为地方政府聚敛大量的财政收入，土地开发又能带动房地产发展，继而直接拉动居民居住消费和社会投资，因此地方政府大多乐此不疲。中国政府已经确定了通过房地产拉动经济的发展方针，如由“中国人民银行房地产金融分析小组”撰写的《2004 中国房地产金融报告》中明确表示：“房地产业的产业链条长，其促进经济全面发展的重要作用，是其他产业无法比拟的。发展房地产业可以拉动内需，扩大消费，加速实现城镇化，有利于全面建设小康社会。”《报告》并强调，房地产业是拉动经济增长的“支柱产业”，金融业会继续支持房地产业的健康发展。① 这无疑更支持了地方政府通过发展房地产业、农地非农化等措施来拉动经济、聚敛财政收入的行为。在对浙江省的一些地区的调查中发现，扩张城市可以使地方政府财政税收最大化。发达地区政府财政的基本格局是：预算内靠城市扩张带来的产业税收效应，预算外靠土地出让收入。城市扩张主要依托于与土地紧密相关的建筑业和房地产业的发展。土地的出让收入以及土地抵押的银行贷款，成为城市和其他基础设施投资的主要资金来源。②

根据中国土地政策改革课题组的调查研究结果，城市扩张带来的房地产业和建筑业发展，近年来已成为地方财政预算内的支柱性收入。在东部一些发达县、市，由建筑业和房地产业创造的税收是地方税收中增幅最大的两大项目，增幅高达 50%～100%。这两项税收占到地方税收的 37%以上。西部地区政府也选择了城市扩张，从建筑业和房地产业的发展中开辟税源，增加政府收入。2003 年，西安市某区地方税收贡献最大的分别为：建筑 61%、房地产 11%、交通运输业 7%。2003 年建筑业创造的税收将近 1999 年基数的 6 倍，房地产业创造的税收更是 1999 年的 20 倍。③

本书认为，中国房地产的畸形增长来源于地方增长联盟的支持。2003 年，中央政府认为宏观经济出现了过剩的现象，而且这种现象愈演愈烈，为此，2006 年至 2007 年，中央政策采取了一系列措施给经济实行“降温”。2008 年上半年，正当形式有所好转之时，美国的次贷危机接踵而至，对房地产市场的冲击比较明显，房地产增长的势头放缓甚至有所倒退。由于房地产业带动了很多产业和部门，为了避免次贷危机给中国实体经济带来危害，中央政府采取了一系列措施对房地产市场进行了“打气”。之后，房地产业又开始迅速崛起，民众对此意见很大，迫使中央政府又采取干预措施对房地产市场实施宏观调控。2008 年至今的房地产市场中的中央政府和地方政府行为，为我们研究中央政府和地方增长联盟的博弈提供了极好的范本。

在分析之前，我们先回顾中央宏观调控政策及其效果。从表 4-2 可以看出，至 2008 年上半年为止，仅就中央政策公共政策倾向而言，房地产价格过快上涨势头早就应该被抑制住，但为何调控效果如此之差，令人难以置信?!

---

① 中国人民银行 .2004 年中国房地产金融报告 [EB/OL]. [2005-08-15]. http://news.xinhuanet.com/newscenter/2005-08/15/content_3357259.htm.

② 王军 . 土地财政的动力结构 [J]. 瞭望新闻周刊，2005，9 (37).

③ 蒋省三，刘守英 . 土地解密 [J]. 财经，2006，4.

表 4-2　　**中央宏观调控政策及其效果回顾**

中央宏观调控政策	房地产市场表现
2003 年 6 月 13 日，中国人民银行下发《关于进一步加强房地产信贷业务管理的通知》，即 121 号文件中指出，对购买高档商品房、别墅或第二套以上（含第二套）商品房的借款人，商业银行可以适当提高个人住房贷款首付款比例，并按央行公布的同期同档次贷款利率执行，不再执行优惠住房利率规定。	2003 年，全国房地产开发投资额同比继续增长了 30.6%，商品房屋竣工面积为 3.95 亿平方米，销售面积为 3.22 亿平方米，商品房销售率达到 82%，70 个大中城市房地产价格上涨超过 10%。
2004 年 3 月，国土资源部、监察部联合发文，严令各地须在当年 8 月 31 日前将协议出让土地中的“遗留问题”处理完毕，否则国土部门有权收回土地，纳入国家土地储备，是为“8.31 大限”。 4 月 26 日，《国务院关于调整部分行业固定资产金比例的通知》发布，国务院将房地产（不含经济适用住房项目）开发项目资本金比例由 20%提高到 35%以上。	2004 年，全国房地产开发投资额持续增长，地价和商品房价格也双双走高。房地产开发投资 13，158 亿元，比上年增长 28.1%；商品房销售额 10，376 亿元，增长 30.0%，土地购置费同比增长 19.9%，全国商品房价格同比增长 15.2%。2005 年初，房价同比增速超过了 20%。
2005 年 3 月 17 日，央行上调房贷利率，将 5 年期以上个人住房贷款利率提高到 5.51%；取消住房贷款优惠利率；对房地产价格上涨过快城市或地区，个人住房贷款最低首付款比例可由现行的 20%提高到 30%；个人住房公积金贷款利率也将相应上调 0.18 个百分点，其中，5 年（含）以下贷款由现行年利率 3.78%调整为 3.96%；5 年以上贷款由现行年利率 4.23%调整为 4.41%。 2005 年 3 月 26 日，国务院办公厅下发《关于切实稳定住房价格的通知》。八点要求控制房价涨幅过快，即“老国八条”。 2005 年 4 月 27 日，国务院出台《加强房地产市场引导和调控的八条措施》，即为“新国八条”。 2005 年 5 月 11 日，国务院转发建设部等七个部门《关于做好稳定住房价格工作的意见》，要求各地区、各部门要把解决房地产投资规模过大、价格上涨幅度过快等问题当作重点工作来抓；而且明确指出，要采取“期房限转”、新购商品房“两年内转手全额征税”等措施，打击炒作投机行为。2005 年 6 月 1 日，“八条意见”正式实施，这一天被称为“六一大限”。	2005 年全国商品房销售价格同比增长幅度达到 12.6%，比同期 GDP 增速高出 2.2 个百分点，全国商品房销售量同比增长 24.8%，增速与 1998—2004 年年均增速（26%）基本持平。特别是“新老国八条”出台后三个月，部分城市房价涨幅更高。深圳 14%、呼和浩特 12.2%、大连 11.7%、福州 9.8%、北京 9.5%、广州 9.3%。

续表

中央宏观调控政策	房地产市场表现
2006年4月28日，央行再次上调房贷利率。金融机构一年期贷款从准利率上调0.27个百分点，由现行的5.58%提高到5.85%，5年期以上利率提高到6.39%。 2006年5月8日，建设部下发通知，上调各档次个人住房公积金贷款利率0.18个百分点。 2006年5月17日，"国六条"出台，目的在于保障中低收入阶层的住房权益，挤压市场的投资性泡沫，促使房地产市场向消费主导型发展。 2006年7月11日，由建设部、商务部、国家发展和改革委员会等六部委于联合下发171号文：《关于规范房地产市场外资准入和管理的意见》，被业内称为"外资限炒令"。 2006年7月28日，国家税务总局对外公布《关于个人住房转让所得征收个人所得税有关问题的通知》，规定自8月1日起，所有地税局开始征收二手房转让个人所得税。 2006年8月1日，国土资源局对招标拍卖挂牌或协议出让国有土地使用权的范围作了细化，进一步明确六类情形必须纳入招标拍卖挂牌出让国有土地范围。 2006年8月31日，国务院发布《国务院关于加强土地调控有关问题的通知》，对各地和各部委提出了八大方面的要求，严把土地"闸门"。	2006年全年房地产投资增长21.8%，尽管根据国家统计局公布的数据，70个大中城市销售价格同比上涨6.4%，但被认为远没有反映真实的价格上涨速度。中国社会科学院蓝皮书以深圳为例：2006年深圳房地产均价9956元每平方米，比2005年均价上涨32%。尤其是"国六条"出台后，居于领涨地位的北京新建商品房销售均价近日已冲破每平方米10000元大关，二手房交易均价也逼近9000元。
2007年3月5日，温家宝总理在政府工作报告中指出，房地产业应重点发展面向广大群众的普通商品住房。政府要建立健全廉租房制度，改进和规范经济适用房制度，同时要抑制房地产价格过快上涨，保持合理的价格水平。 2007年9月27日，中国人民银行、中国银监会联合发布《关于加强商业性房地产信贷管理的通知》，对商业性房地产信贷政策进行调整，对已利用贷款购买住房、又申请购买第二套（含）以上住房的借款人，提出较为严格的限制措施，明确要求贷款最低首付款比例不得低于40%，贷款利率不得低于人民银行公布的同期同档次基准利率的1.1倍；同时要求商业银行随套数增加而大幅度提高贷款最低首付款比例和利率。	2007年全年完成的房地产开发投资同比增长30.2%，商品住宅最开工面积同比增长21.3%，销售面积同比增长24.7%，销售额同比增长46.5%，按此计算，销售价格同比上涨超过17%。实际上，七十个大中城市的价格上涨远超过20%。国房景气指数至十月份涨至105.74，为三年来最高。

续表

中央宏观调控政策	房地产市场表现
2008 年年初开始至年中，国家执行适度从紧货币政策。	2008 年上半年，全国房地产开发投资额增长达 33.5%，至当年 9 月，销售价格同比仍然在 2007 年高位基础上强劲增长。其中，北京前 3 季度同比增长达 8.7%，上海同比增长 5.3%。

第一阶段，过度膨胀：中央地方利益一体化。

2008 年，由美国次贷危机引发的金融危机席卷全球，中国也受到了影响，从最初的外贸出口行业波及其他实体经济，房地产市场也受到了巨大冲击，2008 年下半年，房地产增长倒退 10 个百分点。由于房地产行业牵连甚重，直接影响到增长目标的实现，这对于中央政府而言产生了极大的压力。刚刚实施的宏观调控政策被迫为“保增长”让路，地方政府和房地产利益集团不断游说中央政府放弃对房地产业的诸多限制性政策。为此，中央政府陷入两难，但由于出口这个中国经济增长的引擎无法继续发挥作用，国内的消费需求难以刺激，其结果是中央政府为了保增长目标的实现而选择了支持房地产行业发展。10 月，财政部、国家税务总局、中央银行罕见地同时发布通知，要求为房地产提供税收和利率优惠。通知出台以后，房地产利益集团集体表示拥护，房产投资者和已购房者也对这种行为表示了支持。

对于中央而言，促进房地产市场有利于经济增长目标的实现，从而增强其合法性。毋庸置疑，地方政府也从中得到了大量好处。这就是在中央出台相关刺激措施之前，很多地方政府已经采取手段促进本地房地产发展的根本原因。当中央政府决策出台后，地方政府很快跟进，在中央政策基础上推出了更强的刺激手段以推动受到沉重打击的房地产业发展。

观察各地出台的措施，可以说是五花八门，形式多样，有些特别适合于本地实际情况。仔细研究，发现一条主线贯穿其中：地方政府应该主动出击，才能促进房地产市场的繁荣，否则，房地产只有死路一条。在中央政府和地方政府的合力下，房地产市场对政策刺激措施反应迅速，商品房价格和地价双双停止下滑，并于 2009 年上半年开始强烈反弹。此时，房地产市场的价格信号显示，房地产市场出现了经济过热的现象，甚至比金融危机前更加严峻。

第二阶段，利益的分化：中央政府对房地产市场的宏观调控。

2009 年下半年，由于中央政府和地方政府的联合行动，房价开始急剧上扬，中央政府开始担心房地产市场出现了泡沫，社会的强烈反响也让中央政府产生了政治焦虑，为此，中央政府认为有必要对房地产市场适当“降温”。这里需要注意的是，中央政府只是说“适当”，并没有提出打压房地产。显然，中央政府作为整体利益的代表者，希望既促进经济增长，同时也寻求社会公平，寻找二者的均衡点。在此思路下，2009 年 12 月至 2010 年 1 月，中央政府制定了一系列抑制房地产过快增长的政策，二套房首付比例增加到 40%，房地产交易营业税的豁免期限重新提高到 5 年。与此同时，针对房地产开发商的措施也出台了一些政策，如预售许可规定提高了要求；在信贷审批方面，要求银行紧缩针对房地产开发商的贷款审批；要求地方政府提供建设更多的保障性住房以解决低收入群体的住房问题，要求省级人民政府承担起抑制高房价的责任。房地产宏观调控措施更加严厉，政策开始收紧。但是房地产市场丝毫不为所动，房价继续保持高位运行，土地出让价格更是上涨 21 个百分点。

受此压力影响，2010 年 4 月中旬，中央政府的政策更加猛烈，国务院发出了《坚决遏制部分城市房价过快上涨的通知》（国发［2010］10 号），通知表明了中央政府的立场十分坚定，把住房问题上升到有关国计民生的经济问题和重要民生问题，对房价过高、上涨过快的危害性给予了极大的关注，要求各部门和地方政府采取相应对策。文件明确要求各地区、各有关部门“必须充分认识房价过快上涨的危害性，认真落实中央确定的房地产市场调控政策，采取坚决的措施，遏制房价过快上涨，促进民生改善和经济发展。”从这个文件中可以看出，中央已把房价上涨上升为政治的高度。但仔细琢磨条文规定后会发现，中央的思路是遏制过快上涨，至于房价下降并不是中央政府所希望看到的。文件出台后，更多的调控政策相继实施，特别是对于贷款和首付方面要求更加严格，意在防止过度投机行为的发生。与此同时，国资委要求 78 家央企退出房地产市场。

虽然一系列遏制房价过快上涨的措施相继实施，但房地产市场的表现相当复杂。即使房价增长速度相比之前出现了小幅度的回落，房价仍持续上扬。更重要的是，市场出现了悲观论调，似乎开始对调控措施能否持续产生了不确定的态度。

分析中央宏观调控的措施之所以并没有对房地产市场产生影响，关键还在于地方增长联盟在后面所起的作用。地方增长联盟普遍担心中央的一系列宏观调控可能对房地产产生了打压，政策过于猛烈，不利于房地产市场的进一步发展。对于地方政府来说，担心财政收入因此受到影响，同时，由于基本上所有的地方融资平台和投资开发公司都依赖于土地出让产生的收益，房地产市场的低迷则使地方政府无法获取高额的土地转让收入，大规模城市建设的资金则缺乏保障；商业银行害怕房地产商不能还清贷款；房地产商对高额利润的减少深感不安。在此共同利益下，增长联盟的策略性选择是淡化和减轻中央决策对房地产市场的影响。

在此基础上，我们可以清晰地看到，地方政府的行为选择是把中央政府的严厉政策“低调化”。中央政府的一系列宏观调控措施出台之后，各级政府根据中央的要求起草了本地的具体贯彻实施办法，但此次，地方政府明显表明了自己的消极态度，等待了3个月后，极少数地方政府的意见才“姗姗来迟”。仔细研究各地的政策样本，我们可以清晰地看到，此次实施办法与2008年的刺激方案反差明显，基本上绝大部分地方政府并没有更严厉的调控措施，从措词中可以看出就是中央政策在地方的翻版。

2010年9月底，中央的房地产政策进一步收紧，原因在于一些热点城市的房价居高不下，投机现象十分严重。新措施对于贷款政策作出了硬性规定，在全国实行“一刀切”，不允许地方出台变通措施。新措施还严令各地要加大措施落实中央关于房地产的有关调控政策，根据国务院文件制定适合于本地的实施细则。实施细则已经出台印发的地区要根据中央文件精神重新调整完善。对于极少数城市，由于房价上涨过快、房价飙升，要出台措施对居民购房实施“限购令”，要求省级人民政府切实承担起责任，对于未按中央要求执行的，要追求相应的责任。此时，房价上涨的趋势明显回落，市场出现了观望情绪。但到2012年底，各地出现量价齐升的市场态势，房价上涨声音持续高涨，迫使国务院出台楼市调控五项措施。

第三阶段，房价的宏观调控：地方政府成为中央政策变软的“催化剂”。

从以上中央政府对房地产市场的宏观调控历史可以看出，从2003年至今，中央政府多次试图调控房价，但越调控，房价反而增长得越快，基本上保持了至少5%的增长速度，个别年份和季度甚至接近或超过2位数。为了制止房地产市场的投机行为，抑制房价上涨过快，保持房地产市场的健康平稳运行，中央政府的各项调控措施相继出台，包括土地供应的规范管理、营业税的征收、购房首付比例的提高、加息、贷款政策的严格执行、“限购令”的出台等竞相使用，甚至直接向地方政府“喊话”，“国八条”、“国六条”、“国十五条”等调控方案一次比一次强硬。

但是效果却出乎中央政府和民众的意料，除了2008年因为美国次贷危机的影响，房价有所回落之外，房价上涨的势头依然不可阻挡，各地的“地王”记录不断被打破，越调越涨的情况经常出现。为什么强大的中央政府采取强硬的措施，却依然无法控制房地产价格的上扬？根本原因在于，作为地方增长联盟主体的地方政府，不愿意看到房价下行给自身带来的利益损失。很显然，地方政府成为了房地产政策由又脆又硬到变软易嚼的“催化剂”。

第三节 不同层级地方政府内部的博弈关系

财政包干制和分税制的实行对于中国地方政府行为产生了非常深远的影响，改革后，中央政府筹集财政收入的能力大大强化，同时，地方政府因为税收的分享和财政的包干有了独特的自我利益，使得地方政府有了强大的动机去发展本地经济，在此基础上也使得中央政府和地方政府的关系进一步复杂化，博弈行为就此发生。

财政包干和分税制的主要对象是省一级政府，至于省级以下的各级地方政府，并没有进行分税制的改革。由此产生的现象是省以下的地方政府越来越处于弱势地位，失去了财政上的独立自主性。上级政府在税收分配方面极其强势，同时可以通过各种形式剥夺下级政府的利益，最明显的例子是通过行政权力下放经济效益差的企业，而回收效益比较好的企业的所有权。导致的结果是中央政府和地方政府之间存在着复杂博弈关系的同时，上下级政府之间的利益争夺也日趋白热化，激烈程度并不亚于同级地方政府之间的竞争。

在庞大的中国政府组织结构框架中，贯彻执行上级政府的各项政策措施是下级政府的一个重要工作内容。从理想的层面来说，上级政府和政策分析人士希望下级政府能够做到“上传下达、令行禁止”。但问题是，现实社会并没有实现这一理想目标，下级政府和基层政府在执行中央政府和上级政府的决策时，通常会进行合谋，采取共同策划，使出各种手段，联合应付自上而下的命令和要求，导致的结果必然是政策执行出现“梗阻”，背离了上级政府的初衷。之所以会出现这种现象，其原因在于为了保证政策的实施不偏离于上级政府的政策精神，在设计考核激励机制时，带有明显的“连带制度”和“一票否决”，即一旦出现问题，要追究有关政府部门的责任，使得“激励力度”大大增加。这种规定意味着，一旦分管事项出现纰漏，其具体事务负责官员和主管部门及上一级政府都会受到牵连，接受相应的惩处。

从行为组织学的视角来看，如此激励措施的初衷是通过提高激励力度的违规代价、详细指标的准确测度和连带责任的制度设计来实现中央政府和上级政府政策在地方政府和下级政府执行落实的有效性。但激励机制的具体设计却导向了另外一种事实——上下级政府间联手应对上级政府的现象普遍地存在。我们从很多媒体报道上关注了这些负面状况。特别是当安全事故发生后，事发地的基层政府间层层包庇、封锁消息，一些地方政府官员动员职权，以公谋私，鱼肉百姓；一旦东窗事发，问题暴露后，当上级政府检查督促时，基层政府上下级之间因利益一体化而互相包庇掩盖事实，采取“大事化小，小事化了”的“拖字诀”。基层政府的“共谋”现象表现形式多样化，有的是下级政府暴露出问题而请求上级政府帮忙“疏通”解决并掩护，有的是上级政府要求下级政府隐瞒事实、消灭证据。由于上下级政府的合谋行为并非官僚体制下的合法行为，因此，双方合谋的过程往往并不是采用正式的通知、命令、指示等，而是通过私下的各种交易来实现，比如递条子、打招呼等。通过持续的非正式双向互动，上下级政府很容易“抱成团”，逃避更上一级政府检查的能力大大强化了。

第四节 地方政府与利益集团的博弈关系

在“经济人”假设下，对于最大化利益的追求及政治权力的稀缺性和利益性，促成利益集团和地方政府组成了复杂的增长联盟。地方政府和利益集团虽然结成战略联盟，但由于其关系受各种因素影响制约，并非铁板一块，内部关系也是错综复杂，充满着矛盾冲突和复杂博弈。在分析这个问题的时候，本书提出两点假设：其一，中国目前存在的利益问题多为“特殊利益问题”。就中国语境而言，因为改革开放前的中国不存在利益集团现象；而改革开放之后，利益集团逐渐形成，加之在多数决策中，政府能够维持“中性”，因而“一般利益政治问题”在中国并不突出。但是，由于不同利益集团的发育情况极不均等，远没有形成能够“对等竞争”的格局，因而，在相关决策的利益博弈中，由少数人组成、拥有诸多经济、社会甚至政治资源的利益集团有更大力量左右决策，加之在民主与法治尚不健全背景下，不少政府部门与官员权力失范，因此，“特殊利益问题”在中国国内越来越普遍。

其二，中国“特殊利益集团”影响公共决策的途径更为“特殊”。这点更为重要。尽管佩尔森（Torsten Persson），尤其是格罗斯曼（Grossman）等人对于“特殊利益集团”的讨论包括建模工作已经非常深入，但二者都是讨论以美国为典范的西方代议制民主背景下“特殊利益政治”。① 因而，就影响决策途径而言，“特殊利益集团”首先必须影响“中位投票者”的选民，通过“中位投票者”再去影响议会议员，而不同议员代表不同利益，彼此之间也是竞争性的。正因此，二者的讨论都是从“投票理论”（principle of vote）开始，达到博弈均衡的过程也因此仍然回归到“一般利益政治”过程。而在中国“地方政府公司化”背景下，中央部门与地方政府层面，除每年人民代表大会通过一些重大的原则性与方

① Torsten Persson, Guido Tabellini. *Political Economics: Explaining Economic Policy* [M]. Cambridge, MA: MIT Press, 2000. // G. M. Grossman, E., Helpman. *Special Interest Politics* [M]. Cambridge, MA: The MIT Press, 2001.

向性决策时运用“票决制”外，日常绝大多数决策权几乎都是集中于部门及地方政府自身。因而，中国的“特殊利益集团”直接通过与地方政府甚至个别政府官员“打交道”，就能达成他们的目的。最后的均衡只受两个因素影响：表征部门、政府或官员“公德”的“仁慈心”，以及“特殊利益集团”贡献出的“租金”。

如果从理论上对其关系进行梳理和分析，有以下几种可能的情况发生。

第一种状况，地方政府与利益集团通过合作，共同抵制中央政策的实施，使得中央政府的决策在地方无法贯彻实施，由于地方政府的信息优势和增长联盟的集合力量，中央政府遥不可及，无法撼动增长联盟的稳固。中国的市场经济处于转型期，地方政府通过行政权力的行使掌控了大量信息和稀缺资源，这些信息和资源为地方政府及其合作者带来了大量潜在收益。当然，地方政府与利益集团的亲密合作必须具备三个假设。其一，中央政府由于“天高皇帝远”，对地方政府与利益集团的联盟毫无察觉，甚至即使发现也无法破解二者的联盟。在这种情形下，联盟的风险系数非常低，联盟关系处于最佳理想境地。其二，地方政府与利益集团的联盟能够使双方利益实现最大化。利益集团通过勾结地方政府，使得地方政府的政策措施和行政行为有利于利益集团，在此基础上，利益集团获取收益之后，将其中一部分转移给地方政府及其官员，转移的这部分利益实际上既是政治学意义上的租金，这个过程被称为寻租。其三，联盟的前提和基础是双方都必须有足够的诚信，并且要信守承诺，承担各自的职责。如果其中一方在利益实现之后背弃了联盟的契约，联盟也会因此而解散。三个条件只有同时具备，地方政府和利益集团的增长联盟才能稳固。

第二种状况，由于地方政府手中掌控的权力及其信息资源，成为利益集团追逐的对象，利益集团迫切希望结盟，但地方政府出于各种考虑，在权衡利弊关系的基础上，选择拒绝合作。这种状况的发生源于地方政府的利益“聚合性”，地方政府作为代理人，既要完成委托人——中央政府的决策，代表中央政府在本行政区实施治理，同时作为地方利益的代言人，要积极为地方及其民众争取更多的政策支持和资源。当然，地方政府还有自己的特殊利益追求。为了维护自身利益最大化，在中央政府的权威影响和严密监管下，在辖区公众的强烈要求下，地方政府有可能选择牺牲利益集团。这样既获得了中央政府的认可，也得到了底层社会的认同，在政治地位和利益方面实现了利益最大化。

第三种状况，利益集团选择背叛地方政府，而与中央政府或公众站到一起。由于利益集团在我国并没有得到合法性的确认，在道德伦理上也很难得到公众的认同，名声并不太好，相比西方成熟的利益集团，我国的利益集团只是转型期成长起来的一种追逐利益的组织团体。如果背弃地方政府，并不能得到中央政府的支持以及公众的信任，反而成为孤家寡人，形势十分不利。所以，现实情况中，利益集团背叛地方政府的情况根本不会发生。倒是地方政府在中央政府的压力下，为了自身政治前途，抛弃利益集团的几率更大。

第四种状况，双方对合作没有任何期望，从地方政府层面而言，或被中央政府的权威所阻止，或者地方政府希望在地方民主治理和服务型政府建设中取得突破；从利益集团的角度来说，可能寻求联盟困难重重，或者认为联盟结成后无法实现预期利益。由于双方对合作都没有诚意，增长联盟无法形成。这种情况一方面在现实中比较罕见，另外也没有分析的价值。

在中国的社会现实中，第一种情形表现比较明显，也就是地方政府与利益集团合作组成了增长联盟，以对抗中央政府的权威行使和地方民众的强烈压力，最终结果是地方政府的各项政策在实施过程中出现了偏向于利益集团利益的倾向，形成了官商一体化，地方政府和利益集团共享联盟的收益，并在此基础上按照联盟的契约来进行分成。但这里需要特别指出的是，利益集团作为中央政府和地方政府博弈的“夹生层”，对于增长联盟是时刻警惕着的，因为地方政府在中央政府的强大压力下，由于没有任何回旋和讨价还价的余地，有可能选择抛弃利益集团，从而使增长联盟解体。这里，地方政府的“经济人”角色表现得异常明显——需要在联盟利益以及政治地位两者之中作出选择的时候，通过权衡利弊，特别是政治风险代价过于昂贵的时候，地方政府的行为选择往往会毫不留情。可以说，地方政府是一个“多面怪兽”，如何选择完全依赖对自身利益实现的判断，本来“温情脉脉”、合作无间的合作关系会突然终止，变得让利益集团觉得面目狰狞，现实社会中这样的例子屡见不鲜，很多投资者一不小心就有可能中招。在地方政府和利益集团的复杂关系中，“受伤”的永远是利益集团。所以利益集团在增长联盟的关系中，总是如履薄冰，小心谨慎，时刻担心被地方政府“出卖”。

这样看来，在中央政府、地方政府和利益集团的复杂关系中，地方政府与利益集团越走越近，反而把中央政府排斥在外，中央政府越来越被边缘化，政策执行中的地方“梗阻”越来越明显。这种源自于地方政府自利性的结构性问题，需要高度警惕，防止地方政府和利益集团的脆弱联盟变得稳固。因此，调动民众的智慧，制度化的监督政府渠道的建立和完善需要有更长远的政治考量，只有如此，现代化的进程才能持续下去。

第五章　地方增长联盟的政治经济影响

在地方政府公司化的过程中，地方政府和经济利益集团结成联盟，虽然经济的迅猛发展有地方增长联盟的功劳，但为了追逐联盟利益的最大化，它会不惜抵制中央政府的政策，无视民众的呼声和要求，总体而言，对于社会产生了极为深远的危害和影响，成为现代化和社会转型的最大障碍。既得利益集团为了长期拥有高额稳定利润，阻碍改革的深入和拓展，导致社会的发展受到严重的制约，在某种程度上消解了政府的合法性，造成政治性治理危机。

第一节　地方增长联盟的积极作用

有关地方政府行为的分析可谓汗牛充栋，在庞大的文献中，讨论地方政府与经济发展关系的研究是主要的切入点。学者们往往从中国经济增长的原因层面去检视地方政府行为，更多地是从积极的角度去思考，并没有关注到地方政府在走向公司化的过程中，政治精英和经济精英的联盟到底给社会带来了什么。正如戴慕珍的“地方性国家统合主义”概念所描述的那样，“一种相对来说无威胁的可供选择的经济制度，这种制度允许强有力的地方政府干预。共产党官员不但能够发挥政治作用，也能发挥领导经济的作用。”① 为此，戴慕珍还把改革开放后的中国发展实际同前苏联、东欧私有化和制度解体进行了比对分析，认为中国的地方政府官员与苏联官员反对改革正好相反，他们有着强烈的经济改革冲动，原因在于改革开放后的经济体制转轨和发展方式转型“把握住了加强而非削弱地方官员权力的潜在力量”。② 同时，“地方性国家统合主义”也给社会带来了广泛的福利。由于地方经济的快速发展，地方可支配的财源大大增加，政府可以发放补贴、养老保障、基础设施建设、社区福利等平衡社会各主体之间的利益，保护弱

---

① Jean Oi. *Rural China Takes Off*: *Institutional Foundations of Economic Reform* [M]. Berkeley & LA: University of California Press, 1999: 3-16.

② Jean Oi. *Rural China Takes Off*: *Institutional Foundations of Economic Reform* [M]. Berkeley & LA: University of California Press, 1999: 3-16

者及低收入群体，由此社会主义的价值观得以保留，政府的合法性也极大地增强了。在戴慕珍看来，地方增长联盟并没有对社会实施掠夺，因为获得的收益更多通过公关财政的形式返还给社会，并没有被私人化。

实事求是地说，地方增长联盟既然存在，就有其合理性。我们也不能对地方增长联盟的积极作用视而不见。简单来说，地方增长联盟通过聚合政治精英和经济精英以及其他社会精英的资源形成强大的力量，能够应付全球化和区域经济一体化带来的残酷竞争；地方增长联盟通过集中一切资源来发展经济，促进生产力水平的提高，调整产业结构的平衡；经济发展带来了财政收入的增加，地方政府有足够的资金提供公共产品和服务，改善地方基础设施条件和社会面貌，满足社会多方面的需求。

第二节　地方增长联盟的消极影响

戴慕珍用“地方性国家统合主义”解释了中国经济增长的奇迹，并从积极的角度看待地方政府的作用。然而我们也清醒地看到，随着地方增长联盟的趋势越来越明显，中国的经济和社会发展也面临着诸多困境和难题，显然，“地方性国家统合主义”并不能很好地给出解释。克鲁格曼（Paul Krugman）曾经指出：“经济发展以增加投入为基础，政府虽然能够组织和动员资源投入到经济增长中，但是难以提高效率和技术水平、提升全要素生产率。”①

地方政府通过联合经济与社会精英，以行政运作的方式将整个社会强行纳入到统合过程中，国家权力的范围被进一步扩大化，结果是“全能主义国家”并没有消解的趋势，反而在不断反向强化。在市场经济的早期，由于市场机制发育的不健全，确实需要政府出面加以协调。特别是中国处于社会结构全面转型的特殊时期，整个社会创新难度成本增加，各种秩序也没有建立起来，需要政府主导去推动体制的健全以及社会的进步，这一时期的政府作用还是非常积极而又必要的。但当成熟的市场经济建立之后，由于社会各种秩序已经建立，政府再处处插手干预就不合时宜了，此时，“有限政府”制度的建立就成为了迫切要求。

从政治和经济的不同发展轨迹以及核心要素来看，政治领域与市场体系的发展路径存在着根本差别。在政治领域里面，政府追求的是获取合法性，这是政权的核心利益之所在。而在市场体系里面，企业希望的是剩余价值最大化。两者截然不同的目的要求决不能出现彼此关切的倒置，否则必然会造成社会的混乱。地

① Paul Krugman. *The Myth of Asia's Miracle* [J]. Foreign Affairs, 1994, 10/11 (6): 73.

方政府公司化后，实际上已经严重偏离了其行为目标，将合法性抛之脑后，按照市场体系的方式运转，通过行政权力追求自身利益最大化，对于公共产品和服务供给必然疏于照顾。政府摇身一变，由利益的分配者和协调者变成争夺者，由于总体利益保持不变，地方政府要最大化地获取利益必然会导致与民争利，对于各种利益的调和也因为角色的转变而变得不可能，在利益追求越来越多元化的今天，必然造成社会冲突的不断激化。

在地方政府公司化的机制作用下，政府把自己变成了市场竞争的一个主体，做了许多原本应该是市场做的事情。地方政府的公共政策制定取向明显偏向于有产一族，更多的公共产品和服务优先服务于经济利益集团。公权力与市场机制的藩篱被彻底打破，政府集“组织者”、“裁判员”与“运动员”于一身，公平竞争的市场环境被地方政府所破坏，政府的过度逐利行为必然会忽视民众的各种呼声和要求。地方政府与经济利益集团的亲密关系必然排斥民众的参与，导致政府的回应能力的丧失。当要求和呼声难以通过正常渠道有效传送到政府手中之时，反馈只能通过大规模群体性事件、越级上访等非常规性的渠道来进行。而那些设计良好的制度化渠道出现了“梗阻”现象，运行不畅，无法及时获得有效信息。即使有些信息勉强被政府接受，政府也没有健全的处理机制去进行干预。对地方政府官员而言，由于缺少为民服务的激励机制，如何对相关信息作出反应，并没有找到有效的路径。

地方政府与市场结盟的消极后果也是显而易见的：第一，地方政府对经济活动和企业经营仍然大包大揽，直接插手市场的正常运作，沉迷于经济活动之中而不能自拔，甚至连拉项目、搞贷款、办会展、推销售等企业微观经营活动也插手其中，以至于地方政府的全部工作都围绕着经济发展来开展，对其他有利于社会发展的工作和公共事务则无暇顾及。同时，地方政府的直接干预也助长了企业的懒惰行为，企业不再强化自身在市场经济中的竞争力，而是把希望寄托在政府身上。

第二，由于政府把工作重心都放在扶持企业发展上，提供公共产品和服务这些政府的本来职能被弱化和忽视，政府公共产品的供给远远满足不了民众的需求。特别是经济发展水平上来之后，民众对教育、医疗、住房、社会保障、环保等公共需求与日俱增，但相应的政府供给水平却难以企及。民众对公共产品供给的越来越多的期望与地方政府公共产品和服务供给的低水平成为社会的主要矛盾之一，已经成为严重的社会问题，并危及地方政府治理的合法性。

第三，体制转轨期间的制度不完善以及执行不力，地方政府的自利性表现得越来越突出，公共利益不再是地方政府追求的唯一目标，特别是地方政府对自身利益的追逐日益凸显。由于既定时间和空间的内容利益总量是基本稳定的，地方政府寻求自我利益必然挤占民众的生存空间。这种“与民争利“的现象在很多地方政府身上都得到了验证，造成了地方政府与市场和民众之间的利益冲突。

需要注意的是，由于地方增长联盟只关心联盟内部的集体利益，对于整个全国国民经济和社会发展并没有放在心上，致使中央政府的调控措施在地方层面得不到有效执行，中央政府的权威和信任被地方政府的选择性执行给消减了。其结果可能带来恶性循环，整个社会的宏观经济效果无法实现。地方增长联盟所带来的经济增长的种种表面的短期效果，其巨大代价是牺牲整体制度的完善、社会的公平与经济的可持续发展。

最明显的例子是房地产市场，前面通过对地方增长联盟博弈的分析会发现，地方政府与经济利益集团的增长联盟形成是导致我国房地产市场上诸多乱象的根本缘由。出于追逐自身利益的考虑，地方政府不仅可能会置中央宏观政策于不顾，在所治理辖区营造对房地产商有利的发展氛围，而且还会积极向中央政府和地方政府“游说”，“地方政府不配合”是房地产宏观调控很难奏效的主要原因。

当房价处于高位运行时，中央政府开始酝酿房地产市场宏观调控措施，而地方政府就坐不住了，开始制造“房价适度合理”的舆论；当宏观调控无法避免时，地方政府则和房地产利益集团联手合作，降低中央宏观调控措施的影响；在中央政府的强大压力下，各地商品房价格下降的新闻和数据随之而来，很显然，地方政府在背后推动以促使中央政府早日结束严厉调控措施，有关方面更是不时发出诸如“房价大幅下降会导致灾难性后果”的威胁。更有甚者，一些地方政府罕见地“直接出马”为高房价“呐喊助威”。一些地方甚至在房地产市场出现低迷状态之时，地方政府接踵出台“救市”措施，为房地产商“打气”。① 这些措施已经突破了地方政府的职能权限，迫使中央不得不通过向地方“喊话”给地方

① 在2008年下半年房地产市场低迷的情况下，不少省市纷纷悄然推出有利于供应方与需求方的地方楼市政策。西安市政府出台的《关于恢复房地产业发展的若干意见》，其中对市民购买商品住房给予一定比例的政府财政补贴。沈阳市政府也宣布了一系列“暖市”方案，包括将重启购房补贴政策，还将提高住房公积金贷款的年限和限额。而早在2008年5月，沈阳便调整了普通住宅的价格标准，上调市内五区普通住宅标准至6700元/平方米，这使得大部分商品住房的交易契税从4%降为1.5%。河南省政府也发布了类似政策：一是购买首套自住商品房申请住房公积金贷款的，首付额度由目前的30%调减为20%，最高贷款额度根据各市房价情况适当提高，贷款期限可延长至20~30年；二是从2008年9月1日起到2009年8月31日，各商业银行对商品房购买者实行房贷最优惠利率；三是凡购买经济适用房的免除房地产交易税，购买普通商品房的可按一定比例减免房地产交易契税。厦门、长沙等城市则提出包括购房入户、免税降税、购房补贴等购房优惠措施，以挽回楼市的颓势。

施加压力，“不许地方政府出台一些超出本身权限范围的税收、土地等方面优惠政策”。

由于经济增长对地方政府来说既能满足自身利益，也能实现其政绩升迁，在扶持增长联盟发展的同时，地方政府还会对反增长联盟的力量，如城市拆迁户、失地农民和城市高房价的受害者主动地进行打压，在一些地方政府眼中，反增长联盟的出现损害了地方政府的利益，视之为“眼中钉、肉中刺”。需要关注的是，地方政府甚至采取了“行政吸纳政治”的政策模式，将经济利益集团吸纳到政策的制定过程之中，使其获得了影响决策的特殊能量和相关渠道。当然，这种政策制定模式仍然是暗箱操作，政治精英决策的基础上加上了经济精英，并没有改变其封闭保守的本质，只不过，利益集团更能通过这种模式获取更多的利益。

黄新华对经济增长中地方政府公司化的行为进行了实证检验。依据我国30个省会城市近十年数据（1998—2007年）的经济增长、公共服务相关指标及地方政府为发展经济的资源投入等相关数据，利用回归分析，检验经济增长中地方增长联盟的行为。该研究采用逆向反推法，以公共服务绩效水平作为被解释变量，首先对公共服务水平与人均GDP进行回归分析，得出经人均GDP指标调整后的公共服务水平，再进一步得出公共服务绩效水平，即实际的公共服务水平减去经人均GDP指标调整的公共服务水平。然后再用地方政府的财政支出、房地产开发投资、财政供养人员数等资源投入作为解释变量，考察地方经济增长的资源投入对公共服务绩效水平的影响。黄新华在文章中提出了两个建构模型。模型1是利用各项公共服务指标的加权平均数来衡量30个省会城市的总体公共服务水平，然后用加权平均后的公共服务水平与人均GDP进行回归分析，得出人均GDP对公共服务水平的影响。模型1的主要任务是对各地方城市的公司化增长程度进行量化，所谓的“逆向反推法”，就是假定地方政府经济资源有限的情况下，政府的公共服务职能和直接经济发展驱动的企业化趋向两者之间存在“相互挤出”，经济增长率快的地方可能以牺牲一定的公共服务绩效为代价。在此基础上通过构造一条全国“地方省会城市公共服务绩效标准线”来衡量地方政府以牺牲公共服务水平换取地方经济增长的程度，并以绩效线调整后的公共服务绩效水平作为地方政府公司化增长程度的反向度量。调整后的公共服务绩效水平越高，则公司化增长动机越不明显，反之则越明显。模型2是在模型1的基础上以调整后的公共服务绩效水平为自变量，以地方政府的各种资源投入作为自变量，分析资源投入对调整后的公共服务绩效水平是否存在显著的影响。如果某一资源投入和调整后的公共服务绩效水平存在明显的负相关关系，则视为是逆向检验了“地方政府的公共资源投入具有公司化增长的行为倾向"。①

研究发现，地方政府对地方经济增长的资源投入对公共服务产出指标，即公共服务的绩效，影响微不足道，也就是说，政府财政支出、房地产投资等资源投入增长较快的城市，这些资源投入的增长并没有很有效率地导致公共服务绩效水平的显著提高。依据逆向反推，资源投入增长较快的城市并没有很必然地导致公共服务绩效显著增长，这说明一些地方政府片面追求经济增长的公司化经营倾向的存在。特别是房地产开发投资是地方政府公司化增长的重要表现与影响因素，正是这种行为造成了土地的过分开发，许多地方政府"以地生财"，造成"土地财政"。而地方政府对"土地财政"的依赖造成了地价上涨、土地过分开发，进而引起房价不断攀升。

地方增长联盟的危害我们可以归纳为以下几个方面。

一、行政区经济

在中国，行政区扮演着非常复杂的角色，不仅仅只是作为中央政府的区域治理这样单独的角色，而是承担了远超于行政职能的管理"复合体"，在政治、经济、文化、社会等各方面表现出了积极行为，由此，行政区成为中国社会的基本分析单元，不同的行政区往往出现截然不同的社会现象。从一个方面而言，由于长期计划经济体制形成的"路径依赖"效应，政府干预的触角延伸到社会的方方面面，行政性职能和其他业务性职能混淆在一起；另外，行政区承担了诸多社会功能，成为调配资源的"超级平台"，一切经济社会活动都围绕着行政区的范围来进行，包括行政、经济、司法、社会等功能都被纳入其中。导致的结果必然是行政区蜕变成利益区，在中国版图上，行政区划如同一个个独立的利益主体，将统一的市场体系隔离起来，形成了看不见的"围栏"，不同行政区的交界带成为"利益边界"。

在由计划经济向市场经济转轨的变革中，由于行政区划产生的区域经济分割现象，学术界称之为行政区经济，由于行政区的经济角色过于明显，通过行政力量人为地分割市场，造成人才、资源和要素自由流通的障碍，以最大化地攫取有限的资源。学者刘君德于20世纪90年代初提出了"行政区经济"概念："由于行政区划对区域经济的刚性约束而产生的一种特殊的区域经济现象。"②

由于地方政府有着强烈的自利动机和经济发展压力，政府对于本行政区划内

① 黄新华．区域经济增长中地方政府企业化行为的检验：1998—2007年——基于30个省会城市数据的实证分析［J］．政治学研究，2011，1.

② 刘君德．中国行政区划的理论与实践［M］．上海：华东师范大学出版社，1996：31.

的经济干预现象非常突出，使得当地的经济行为打上了强烈的政府烙印，这种行为逐步升级为地方保护主义，对于跨区域的经济产生了严重的阻碍，像一堵看不见的墙，严重阻碍了市场的健康有序竞争。

行政区经济最明显的特点是地方政府把本区域视为自己的领地和公司，不容外界介入，区划内的经济行为打上了强烈的行政烙印，逐利趋势非常明显，受到行政力量的强行干预，各种要素的流通受到阻碍，经济秩序不健康。具体来说，行政区经济有以下几个明显的特征。

一是行政性。政府凭借在本区域内自上而下的科层制官僚体系，对辖区的政治、经济、文化、社会进行全方位的管理，以确保整个体系的正常运转，对经济发展起主导性作用，确保经济利益的实现。虽然改革开放后，我国的市场经济正逐步走向完善，现代企业制度也建立起来，企业正逐渐成为自我管理、自负盈亏的法人实体，但是政企关系改革还没有完全到位，地方政府通过手中的行政权力干预企业的正常市场竞争，结果企业的竞争演变为地方政府层面的竞争。

为此，地方政府出台各种措施，甚至直接干预企业内部事务管理，以保证地方利益的实现。在执行上级政府的政策和规定时，也是首先考虑本地方利益，确保更大的发展空间，“上有政策，下有对策”。政府直接干预的结果是地方保护主义严重，重复建设资源浪费，导致资源配置无法在区域间实现帕累托最优，损害了公平竞争的市场环境。在这里，区域经济的主导力量是政府的行政行为，通过对经济发展的刚性约束，使得经济发展成为行政权力的附庸。而且我们发现，如果地方行政权力越大，也就是等级越高，空间越大，对于发展经济就更有利，权力大小与经济发展存在正相关关系。所以也不难看出，地方政府争先恐后地追求升格，就是为了追求更好的经济发展机会。从企业层面而言，政府对国有企业的特设补贴和照顾政策使得国有企业成为温室里的花草，对政府的依赖度非常高。而外资企业和民营企业虽然被政府所歧视，但由于社会主义市场经济体系还没有完全建立，政府对市场的干预空间广泛，要想在不完全竞争市场中赢得竞争优势，寻求政府的庇护是唯一的生存和发展之道，以至于连大型跨国企业在中国的发展也不能免俗。财政包干制和分税制形成的地方隶属税种，使得地方政府也需要辖区企业提供税收，地方政府和企业的利益共同关系非常明显。地方政府通过干预市场而设租，赋予行政区内的一些企业特殊的权利，以促进其发展，从而实现地方财政收益的最大化。对于企业来说，残酷的市场竞争以及个别企业追求行政特权形成的示范效应，众多企业相继跟进，纷纷通过寻租来获得地方政府的庇护，在区域垄断的基础上实现常规市场竞争不能获取的稳定超额垄断利润。

二是封闭性。在行政区内部，资本和各种生产要素的流动呈纵向关系，而行政区横向之间的沟通受到地方保护主义的影响和制约，生产要素的流通反而不正常。结果，在行政权力的干预下，资源难以实现优化配置，跨区域之间的交流不存在。为了追逐利益最大化，行政区划就被赋予了特殊的含义，在要素的流动中扮演起各种行政壁垒的角色。行政区和行政区之间存在着严重的重复布局，经济结构大相径庭并逐步走向稳定，行政区内部上下之间趋近吻合，导致区域之间的分工和合作难以实现。总体上看，行政区经济是比较封闭的。由于行政壁垒的存在，我国市场的整体性被人为地分割成一个个封闭性的经济圈，各自独立运行，形成了比较特殊的经济运行格局。地方政府通过掌握的行政权力，在区域内人为地设置贸易障碍和壁垒，阻挠生产资源的跨行政区流动，区域性的统一市场被行政权力人为地分割，由此而出现了一种奇怪的现象：对内开放远远不及对外开放，最明显的表现是花样繁多的地方保护主义。

三是边界性。行政区与行政区之间的边界地带存在明显的边界经济，按照空间作用的机理，边界往往处于行政区中心的边缘地带，有效辐射不够，经济发展被边缘化，成为经济衰竭带。而边界的属性有时不太明确，特别是旅游和矿产资源带，归属时有争议，产权不明晰导致纠纷和摩擦比较多，结果双方或多方要么竞相开发而形成内耗，要么都无利可图而放弃发展，以免为他人作嫁衣裳，从而导致行政区交界地带成为“三不管”地带，公共服务和基础设施建设严重滞后，加大了经济运行的交易成本。为了争夺税源，地方之间的竞争也异常残酷，地方政府通常把“行政区边界”当作“经济区边界”，更有甚者把“行政区边界”上升为“国界”，“行政区边界”逐渐蜕变成地方与残酷竞争的“主要战场”。

在此逻辑下，地方政府在考虑投资建设布点时，主要资源和建设都放在行政中心所在地，特别是大城市，造成资源的过于集中，处于地区之间的边界，往往离行政中心越远，则“被遗忘”的可能性越大。在空间布局上，产业项目的安排首选行政区域的中心地带，特别是行政中心，而对于地区之间的行政交界地带，地方政府基本上对基础设施建设和投资人为忽视，导致边界地区成为落后的代名词，最明显的表现是“断头路”现象的出现。这种措施人为地阻止了地方空间经济的外溢效应，造成边界地带经济发展被逐步边缘化。

《中国财经报》于 2006 年 4 月 25 日的报道指出，根据统计资料的测算，中国大陆省一级行政区陆路边界线总共有 66 条，长约 5.2 万公里，假定边界两侧各 15 公里来计算，总面积大约 150 多万平方公里，分布着 849 个县级行政区。由于资源总量有限和经济发展水平的束缚，各省在进行发展规划的设计时，中心大城市及其周边地区往往是发展的侧重点，而对于各省交界带的发展基本上没有考虑。由于中国国土面积广阔，省级中心城市的辐射作用毕竟有限，行政边界地区即使基础较强、资源丰富，也难以实现快速发展。而且由于边界地带的投资主体多元化，造成经济发展的不协调，很容易导致产业雷同或过度开发等恶劣后果，其结果是边界经济的混乱和落后，欠发达、不可持续、不协调成为省区边界带经济和社会发展的形象表述。

四是复杂性。行政区经济的发展在某种程度上说是中国改革开放的历史发展必然，在由计划经济走向市场经济的过程中，市场本身的发展是不健全的，需要政府去推动和完善。事实上，市场经济的后发国家基本上都依靠政府的推动完成了经济的转型。正是行政区经济内的地方政府利用地方内的一切资源发展经济，从而促进了地方经济的发展，而且在某种程度上促进了地方与地方之间的竞争。因此，一味否定行政区经济，一棒子打死也不是辩证唯物主义的观点。行政区经济现象的存在有着特定的历史背景，是社会转型过程中出现的一种异化现象，起源在于政府职能的“越位、缺位、错位”，全能型政府和“大政府、小社会”格局尚未发生逆转，带有明显的阶段性，行政区经济表现为动态的、不断变化的过程。当然，发展到今天，行政区经济产生了严重的地方保护主义，阻碍了市场的正常竞争，造成了资源的大量浪费。在市场经济逐步成熟，行政体制比较健全的时候，行政区经济必将退出历史的舞台。

五是重复性。在产业领域，没有重复建设，就没有市场竞争，但这是由企业根据市场信号的传导来自主选择为前提的，受到市场退出机制的约束。在地方政府公司化的过程中，产业的重复建设并不是市场选择的自然结果，而是政府外在干预的集中表现，特别是争当经济中心导致了大量的重复建设，造成资源的严重浪费和产业雷同。改革开放以来，中国经历了三次重复建设的高峰①：第一次，20 世纪 80 年代。1980 年前后，重复建设主要集中于群众生活的必需品，由于经济发展起步，民众对基本生活用品的需求猛增，各地则蜂拥而上，纷纷上马投产，纺织工业、轻工业，如自行车、服装、缝纫机、手表等成为争相投资的商品；80 年代后期，人们的生活水平有所改善，对彩电、冰箱、洗衣机、空调等生活电器的需求大增，于是地方投资很快转向这些领域。第二次，20 世纪 90 年代。电子、石化、汽车、机械制造成为重复建设的重点领域。第三次，进入 21 世纪后，高新产业园成为各地追逐的对象，新能源、新材料、信息技术、生物医药工程成为新的重复建设领域。以至于“硅谷”至少有数十家，就连长三角地区，上海、杭州、苏州等三地都在大力发展建设“硅谷”。

当然，需要注意的是，某一时期由于市场经济发展的必然结果以及市场需求大增，产业结构趋同有时也是市场发展的必然现象。但也有可能是各地区违背地区分工原则，人为因素的干扰导致了产业雷同。从某种角度来说，市场经济体系

① 黄小伟．中国第三轮区域经济冲突凸现［N］．南方周末，2007-3-22（5）．

下的重复建设、产业结构雷同是经济和社会发展中的正常现象，市场经济的规则并没有对之形成约束，残酷竞争导致的结果必然带来一定程度的产业重构与重复建设。从经济学的假设来看，这种竞争过程符合企业作为理性的“经济人”为实现利润最大化作出的最好选择，是企业根据市场信号自主决策的当然结果。如果为了避免产业雷同就不准重复建设，实质上也是对市场要义的违背，因为禁止重复建设在某种程度上说实际上是保护现有企业的既得利益，除非是属于自然垄断行业。

但目前中国出现的地区产业结构雷同并不是市场自由选择的结果，而是地方政府人为干预产生的结果。重复建设既是行政区经济的表现和产物，同时也是行政区经济产生的根本原因。由于经济发展既与地方政府官员的政绩紧密相连，又能实现地方政府自身经济利益的最大化。政治和经济利益的强大刺激驱动着地方政府行政行为，短视效应十分明显，“短、平、快”的项目成为地方政府的共同选择，至于产业结构调整的规律和地方自身优势则被抛之于脑后了。政府及其控制的融资基金以及政府主导的项目投资把重点都放在价高利大的行业和产业，造成投资主体不承担风险的重复建设。

六是断裂性。面对日益激烈的竞争，为了追逐“政治”和“经济”的双重效应，地方政府信心百倍地去扩大行政区经济的中心地带——中心城市的规模，通过大手笔的规划和开发，意图通过新开发区的大规模建设来吸取人才和资本的进入，以此显示政府对经济发展的关心和信心。其结果是中心城市空间结构的大规模变迁和重组，城市经济结构的转型不是市场自发调整的结果，而是政府行政行为决策所带来的空间演化。地方政府领导人为了追求城市的大而全，忽视了经济发展规律的作用，决策时头脑发热，欠考虑，导致城市的发展方向各个突破、四面出击，于是在城市里出现了星罗棋布的新开发区，这些新区彼此之间没有任何联系，如马赛克似地分布在城市里。而当今中国的地方政府任期制还不太稳定，随着地方领导人看法的改变，特别是地方领导人的更迭，继任者为了显示同前任有所区别，必然标新立异，放弃前任提出的发展规划，转向城市其他区域的发展，结果使得新区的建设呈跳跃式发展。其结果是城市的所有区域轮番充当城市发展的重点，资源严重分散，无法形成合力，很多新区成为“夹生饭”，像孤岛一样坐落于城市的周围。

行政区经济的存在与地方政府追求自身利益最大化，产生了诸多严重的经济和社会问题。区域中心城市规模盲目扩张、空间无序发展，中国式的“圈地运动”使得土地浪费严重，严重损害了民众的利益。地方之间缺乏合作导致资源无法自由流动，大量重复项目盲目上马，产业结构趋向同一，向行政经济区外转嫁负的外部效应，环境逐步恶化，跨区域生态环境协调处理难以进行，地方政府也没有注意到由于环境污染给社会带来的巨额负外部效应。以行政区为主体的经济对抗非常明显，消解了合作带来的巨大收益。我国的经济发展虽取得了举世瞩目的伟大成就，但仍然不富裕，行政区经济格局带来了大量的隐形经济损失却长期得不到重视。

根据相关研究发现，中国的地方保护主义和市场封锁如同国与国之间，甚至超过了国际的平均水平。但在残酷的地方竞争之中，出于报复性的心理，各地区采取“以牙还牙”的做法，其相互损害的做法使许多地区都受到地方保护主义的破坏，特别是经济发展落后的中西部地区情况更为严重。“中国统一市场建设”课题组曾经做过一份广泛的调查，得出的结论全国各地区受害程度平均值为196，处于西部的省份普遍比较严重。贵州（226）、重庆（218）、新疆（218）、湖北（217）、海南（214）、云南（213）、广西（208）、内蒙古（208）、湖南（204）、江西（203）和山西（202）是受害程度较高的地区，基本上都是中西部地区。①

实际上早在20世纪70年代，澳大利亚学者奥德丽·唐尼李恩（Audrey Donnithome）就精辟地分析了中国经济社会发展的现状，并形象地称之为“蜂窝状”经济（cellular economy），她发现“中国经济发展已经被众多地方政府人为分割成许多互相隔绝、互不理睬的经济行政单位，中国虽然有共同抵抗国际市场的贸易壁垒，在国内市场上却缺乏自由贸易”。② 法国经济学家庞塞特（Sandra. Poncet）对于中国市场的研究显示，“中国国内各省之间的贸易保护的程度相比欧盟国家之间或加拿大与美国之间的贸易壁垒毫不逊色”。③ 庞塞特发现，1987年的时候，中国消费者购买本省商品所花费的费用是购买其他省商品的11倍，10年之后，数据显示已接近于21倍，换句话说，在中国，跨省贸易的商品1987年面临着接近于35%的贸易保护壁垒，10年之后增长到46%。更严峻的事实是，相比进口关税不断下降的趋势，各省之间的贸易壁垒与20世纪80年代以来相比却在不断上扬，国际市场一体化和国内市场的堡垒化成为中国市场经济发展过程中的两种相互矛盾的趋势，其结果是中央政府推进国内市场开放的努力被地方政府的保护主义封锁措施所消解。郑毓盛的研究将中国各地方1978—2000年20多

---

① “中国统一市场建设”课题组．中国地方保护：水有多深？［N］．中国经济时报，2003-6-10.

② ［澳］奥德丽·唐尼李恩．中国的蜂窝状经济：文化革命后的某些经济趋势［M］//走向21世纪：中国经济的现状问题和前景．南京：江苏人民出版社，1995.

③ ［法］庞塞特．中国市场正在走向“非一体化?”——中国国内和国际市场一体化程度的比较分析［J］．世界经济文汇，2002（1）.

年间产出的潜在损失，分解为技术效率导致的损失、非最佳资源配置结构损失、非最佳要素调配结构损失等几个指标。后两种造成的经济效率下降实质上是地方保护主义和市场分割给经济发展所带来的损失。根据研究结果发现，“各个省份的技术效率相比以前有更大的改观；但是，由市场分割和严重的地方保护主义所带来的后两种损失，在改革以来有一定的波动，但总体而言保持上升的趋势，特别是 1996 年之后保持上升。到了 2000 年，由于地方保护主义所产生的市场分割，导致产出损失高达 20%。”①

由于历史现实和政策因素的影响，我国各地区经济发展水平的差距比较大，特别是“东、中、西”的地区差距尤为突出。这种差异性实际上也反映了经济结构的非同质，结果是地区之间的利益分化比较严重。经济发展水平的严重差异阻碍了市场经济一体化的推进，市场的张力无法发挥到极致。加上地方政府为了经济发展而人为造成的地方保护主义和市场分割，使得情况更为复杂化、严峻化。

时至今日，很多地方政府也意识到，行政区经济的存在，在短期内有利于行政区划的经济发展最优化，但长期存在最终将产生严重的弊端，从而阻碍地方经济的发展。因此，为了获得更好的发展机会，地方政府也在进行一些制度创新，最明显的是通过调整行政区划来增强经济发展能力，获得更多的人才、劳动力、土地、资本、信息、技术。于是调整行政区域、增加发展空间成为首要选择，实际上是想把行政壁垒所带来的外部效应通过行政区的一体化来消除。从表面上看，这些措施好像有利于增强地区之间的合作，但实际上只不过是行政壁垒的边缘更加庞大，对于跨越行政沟壑根本无济于事，甚至使地方保护主义的地盘更加庞大。

为了消除行政壁垒给区域经济发展带来的危害，一些行政区之间在上级政府的推动下，或通过友好协商而建立了一些区域经济发展联合体，意图通过区域公共管理的形式来使经济发展得到一定形式的合作和分工。② 但是，由于受到体制因素的约束，加上各地在合作中有自己的“小算盘”，其实践层面的效果还有待时间的检验。

---

① 郑毓盛，李崇高 . 2003：中国地方分割的效率损失［J］. 中国社会科学，2003（1）.

② 近年来，此种区域经济发展联合体在长江三角洲、珠江三角洲等地区不断涌现。例如长江三角洲成立了多种官方与非官方的协作组织，江苏省进行的苏锡常都市圈规划、南京都市圈规划、沿江规划，浙江省的环杭州湾城镇群规划等，都属于区域政策调控的范畴。而江苏的“江阴—靖江工业园”、“杭州—海宁开发区”等则属于地方自发的跨境协作。这些都显现了打破行政区划壁垒、实现城市/区域空间发展优化的良好态势。

二、权力寻租与增长联盟利益最大化

地方政府公司化使政府蜕变为自我逐利的主体，按照政府存在的价值来说，其主要职能是提供法律和秩序，维护公正和公平，促进社会正义和发展；而其经济上的职能则是维护稳定的经济秩序，促进市场的自由竞争，降低企业的交易成本。如果政府的经济职能本质被公司化功能取代，地方政府就极有可能利用手中所掌控的行政权力插手市场经济的正常运行，以实现行政集团利益最大化。其主要手段一是少数地方政府利用手中的行政审批权，通过巧立名目增加各种税费，满足部门的创收利益；二是通过对公有企业的支配地位，与企业家组成利益共同体，低价转让、变卖、出售国有资产，在国有资本大量流失的情况下，从中渔利。

由于个别地方政府获取的利益并不是增加了蛋糕，而是分享蛋糕，这实际上是利用行政权力剥夺社会资产，必然导致民生投入受到挤压，民众的财富也被卷入行政集团的腰包，长此以往，必然导致民众的不满和反抗。为了维持垄断利润，既得利益集团必然捆绑在一起，强烈反对各种改革，其结果是加强了自身的垄断，通过管制强化了地方政府行政利益集团的控制权，以进一步获取支配地位。这必将导致地方政府与民众对抗的进一步恶化和升级，带来严重的社会后果，甚至导致地方出现合法性危机。

在地方政府公司化的过程中，地方政府为了能够获取最大利润，必然要保持甚至扩大政府配置资源的权力，只有这样，才能使市场控制在政府手中。本来，在市场经济建立的初期，由于市场本身不成熟，需要政府的支持。在市场机制初步建立之后，市场化改革的进程就是政府不断退出、市场不断跟进完善的过程，只有这样，市场经济才能健康发展。但是我们看到，在中国市场化的改革中，市场的一些理念和模式却极大地影响着政府。地方政府发现了权力所带来的利益，在“经济人”假设的背景下，个别地方政府和市场经济中的主体勾结起来，权力和资本相互交换，权力从中获取了租金，而资本则借助行政权力获取高额垄断利润，这就形成了权力和资本结合的利益集团。

不同的政府部门介入微观经济的程度有极大的差别，而能够从市场中获取利益的官员毕竟也只是其中一部分，为了能够挤进这一部分，很多政府官员削尖了脑袋，想尽了一切办法。在争夺“肥缺”的过程中，掌握“肥缺”的人和有机会进入的官员的利益也最大化了，这其实就是发生在地方政府内部的寻租过程。

当通过寻租可以获取极大利益的时候，整个社会的方方面面都会趋之若鹜。① 因为在权力广泛寻租的过程中，一方面是通过设租和寻租能够获取高额垄断利润，财富很容易获取；另一方面，通过正常的市场竞争来获取财富的难度加大。在这种情况下，社会主体争先恐后地去获取财富分配，寻租并不创造任何财富，只不过是使财富分配在各个主体之间发生了转移。为了维持逐利活动，社会消耗了大量资源，市场竞争日益恶化，市场失灵，政府腐败，甚至整个社会风气都会因此而败坏。

在地方政府公司化的过程中，行政权力成为炙手可热的资本和工具，成为全社会追逐的对象，为此给社会带来的危害是极其严重的。

三、地方政府债务的剧增和公共服务的严重滞后

地方政府公司化，政府由单纯的执行宏观经济调控的职能转向关注微观经济行为，过多的精力投射于经济发展，经济增长的“越位”必然导致社会发展的“缺位”。在中国经济已经实现腾飞的背景下，中国也实现了社会转型和经济转轨，由生存型向发展型转变，迫切需要加强社会管理和服务，把更多的资源和精力投入民生行业和公共服务，以实现经济和社会发展的历史跳跃。但地方政府公司化却阻碍了这个进程，导致为经济发展而打造的各种政绩工程和形象工程泛滥成灾，与此形成鲜明比对的是民生和公共服务以及文化事业的“缺位”。

在地方经济与社会发展过程中，一直存在着财政风险，也就是因为内部制度的缺陷和外部环境的不确定性，使得财政收支状况出现恶化从而导致财政危机的可能性。历史经验和经济学理论告诉我们，古往今来，各级地方政府的财政风险都是一种不可否认的客观事实，一旦发生将严重影响地方政府的正常运作，如果趋向严重甚至可能危害地方政权稳定，其不利影响持续而长久。

由于考虑到中国的实际情况，现行的制度规定禁止地方政府举借债务，在各种严格的禁令下，地方政府通过“曲线救国”的方式规避中央的政策规定，也就是寻求第三方的帮助，通过寻找代理人来为政府建设融资。这类政府性公司，说得更直接一点，就是地方政府的融资平台。所谓公司化运作的地方政府借债，实质上是商业银行为地方政府筹集的建设资金，由地方政府控股的各类公司发放的贷款。

由于中央财政对地方财政的挤压，地方政府在财政支出方面，是尽可能把项目做大，这样才能体现政绩最大化，对地方政府的好处是既可以提高年度支出基

① 近些年来，中国社会最为壮观的社会现象之一是上百万人蜂拥参加公务员录用考试。如此“国考热”，与我国政府权力独大、垄断各种社会资源的局面有很大的关系。

数，以便次年有一个更高的底线，又可以给地方政府官员在“晋升锦标赛”中加分。在这种好处的诱惑下，地方政府通过“曲线救地”的方式大举借债已经是公开的事实。尽管中央政府一再警告，严禁地方政府用财政收入担保借债，但地方政府对债务问题并不担心，因为在必要的时候，中央政府只能帮助解决，绝不会见死不救，地方政府破产是不可想象的。

我国也存在着严重的地方财政风险，一直以来，县乡两级的财政风险一直是人们关注的对象。据不完全统计，县以下（含县）的基层债务总额目前已超过8000亿元。① 在我国3000多个县市中，财政长期出现赤字的县市已超过50%，全国1080个县发不出工资，约有50%~60%的乡镇入不敷出。事实上，除了县乡两级财政存在严重的危机之外，整个地方政府层面风险也处于剧增的状态。虽然地方债务危机的存在同现行的财税体系有一定的关系，但更为重要的是，地方政府公司化充当了决定性的角色。长期以来，地方政府受经济利益驱动的影响，一味追求经济的快速增长以谋求政绩，置国家法律法规和政策于不顾，制定了大量的减税免税政策，给予投资企业极低的土地和资源，为了招商引资，抱着“舍不得孩子套不到狼”的心态，结果导致地方大量税源流失，使财政收入总量受到严重影响。另一方面，为了片面追求GDP，不顾自身实力，盲目地上马大项目和大工程，在财政收入不足的前提下，大举借债，使得地方政府债台高筑，大大超越了自身的财政承受能力，一些地方甚至连利息都让当地政府难以偿还。更有甚者则将发展的代价延伸到子孙后代，本届政府的资产被花得干干净净不说，还把下几届政府的钱也花完了，结果导致后来者叫苦连天。

地方政府公司化不仅会造成严重的财政风险，还会连带产生比较严重的金融风险。一些地方政府为了吸引投资，花大力气改变本地的投资环境，在基础设施建设和公用事业方面投入大量资金，以改变落后的现状，改善投资环境。但是很多地方的财政收入无法维持大量的资金投入，结果，地方政府把手伸向了银行等金融部门。为了能进行合法融资，地方政府设立很多政府性公司，通过公司运作来进行贷款。而一些银行也认为地方政府撑腰的政府性公司不用担心呆账和坏账，而且依靠垄断地位很容易回笼资金。因此，在城市建设、交通、能源等领域，银行的借贷越来越多，已经成为银行的主导业务。但是，如此庞大的贷款数

① 国务院发展研究中心宏观部副部长魏加宁曾牵头组织了地方债务课题组，他们在《关于中国的地方债务问题及其对策思考》的报告中明确指出：“中国各地区、各层级的地方政府大多在不同程度上举债度日或负债经营，而且所负债务的种类之多，负担之重，已超出想象。”具体中国地方政府的债务规模到底有多大，没有人能够准确回答。8000亿只是根据一些专家的估测所得到的一个数字。但据笔者所了解到的情况来看，情形确实不容乐观。

额一旦出现问题，必然会造成严重的金融风险，银行的呆账和坏账随时有可能出现爆炸性的增长。

国家审计署曾于2011年3月至5月组织全国审计机关4.13万名审计人员，对31个省（自治区、直辖市）和5个计划单列市本级及所属市（地、州、盟、区）、县（市、区、旗）三级地方政府的债务情况进行了全面审计。最终的审计结果表明，截至2010年底，全国地方政府性债务余额超过10万亿元，其中政府负有偿还责任的债务6万多亿元，占62.62%；政府负有连带责任的债务2万3千亿元，占21.80%；政府需要承担一定救助责任的其他债务共计1万7千亿元，占15.58%。①

一方面是地方政府的疯狂借债，但另一方面，经济发展剩余以及高额借债并没有带来民众福利的最大化，公共服务水平还远远满足不了公众的需要。我们可以从两个方面去进行分析。

其一，地方政府增长联盟的运作模式弱化了民众福利，甚至使民众的利益受到严重的损害。在地方政府推动的经济发展过程中，虽然GDP增长迅猛，地方政府的财政收入节节攀升，但产生的负面影响也不可小视，如远远超出普通民众可承受范围的高房价以及高耗能高污染项目产生的严重环境污染等。地方政府虽然也看到了这些负面作用，但仍然保持高热情，因为往往这些行业投资额巨大、利润很高、见效较快、技术含量低——投资额巨大通过乘数效应的放大拉动了GDP的快速增加；高利润为地方财政收入贡献了大量企业和个人所得税；技术含量低可以节省大量劳动培训费用及研发成本，降低财政支出；见效较快可以在较短的任期内就产生极大的政绩产出，可以吸纳更多的人就业，增加就业率。根据现行的财政收入分成和税种结构而言，这些特点对地方政府来说有着极大的诱惑，促进自身利益的最大化。也就是说，地方政府看中了这些对民众而言是负福利的项目，原因在于其在最短的时间内给地方政府带来的是最大的产出。

其二，地方政府公司化背离了政府服务的公共性。根据前面的分析，可以明显地看出目前的一些地方政府已成为追求自身利益最大化的公司，偏离了其自身应有的职能，为了谋求最大利润，不惜与民争利，至于公共产品和服务的供给，变成了地方政府可有可无的事情。现实中我们可以清楚地看到，凡是利润较高的产业，政府必然加以掌控，如石油化工、房地产等行业。在暴利面前，政府甚至直接出面垄断，实行专营专卖，如烟、酒等。

公共化的地方政府行为无法受到必要的监督和制约。和市场体系内的企业完

① 崔鹏．审计署揭秘地方债务审计过程，前后4万余人参与［N］．人民日报，2011-11-20.

全不一样的是，地方政府拥有合法的行政权力，“政府性公司”没有任何契约和规则的束缚，因为政府本身就是市场规则和合约的制定者，它拥有的强制性行政权力是一般市场公司所没有的，此种情形下必然出现政府与民众关系的直接对立：假设政府和民众的利益处于“同一战线”，公司化的政府或多或少会在某种角度改善和增进公众的福利；但如果政府与民众的效用函数出现冲突，此时的政府的面孔则完全转变，与“政府性公司”利益无关的地方，政府根本不在意，从而造成了政府收益与公众福利的相悖。需要警惕的是，在理性的“经济人”假设下，部分地方政府追求利益最大化已经成为一个不争的事实，因而在政府“公司化”的演变过程中，政府官员可以通过各种巧妙的手段，变公共利益为政府利益进而获取自身利益，实现公权的私有化。这样的例子不胜枚举，例如在吸引投资过程中，地方政府确切知晓一些投资会对环境产生极大的破坏，甚至危及民众安全，但是为了引进项目后的高额赋税，甚至仅仅只是为了逃避责任、完成任务，一些政府官员也在所不惜。

四、城乡经济的割裂式发展

自从发端于安徽的农村改革开启了中国经济改革的进程后，中国改革的重点也从农村转移到城市。特别是地方政府公司化后，地方政府很快开启了“经营城市”的进程，大规模建设城市的时代开始了。发展到今天，中国城市化的进程大大加快，特别是以“长三角”、“珠三角”为代表的城市群规模越来越大，城市群的数量也越来越多。

经营城市和城市化的进程都需要大量的资金，但是单纯依靠地方政府的财政收入是远远不够的。为了获得资金，地方政府主要采取了两个方面的措施，一是从土地出让金中获得，二是国有企业改制过程中所获收益。其中最主要的是土地出让金，包括从城市商业开发土地和经济开发区的土地。有资料显示，城市经营过程中，如果完全补偿圈占农民的土地，最少需要 4 万亿左右，相当于 2008 年美国金融危机中中央政府救市方案的全部投入。也就是说，在地方政府走向公司化的过程中，农民向城市经营和城市化无偿贡献了 4 万亿心血和汗水。城市的繁荣昌盛又一次以牺牲农村和农民利益为代价，结果是“城市比欧洲还欧洲、农村比非洲还非洲”，城乡之间的差距在“二元经济结构”后被进一步拉大。

新中国成立后，为了促进城市工业的发展，农业被暂时牺牲，为了稳定城市和农村的社会结构，我国形成了一系列的城乡分割制度，经过长期的实践与发展，很多制度规定甚至上升到法律层面，具有极强的稳定性。改革开放后，城市的经济与社会发展已经到了相当高的程度。本来，“城市反哺农村”的时代已经来临，但是随着地方政府走向公司化，地方增长联盟的利益主要集中在城市，此种情形下，城市和农村的发展差距进一步被拉大。

五、政府主导市场经济的进程

制度经济学把制度变迁分为强制性制度变迁和诱致性制度变迁，强制性制度变迁是政府主导的变迁，而诱致性制度变迁则是社会主体在预知能获取利益的情况下所自发进行的。① 具体变迁方式的选择取决于社会发展的实际情况，包括经济发展水平、政治结构、权力分配、社会偏好以及历史文化因素等。

强制性制度变迁由于是政府主导的，政府依靠权力和法令提供制度支持，创造激励因素，节约交易成本，渐进式地进行改革，避免社会出现大的波动，这是其优点。特别是后发国家，在市场还不成熟而又面临残酷的国内外竞争时，政府主导能够减少经济变迁的成本，促进经济的快速发展。这一点，在很多新兴市场国家都能找到例证。战后亚洲一些国家，如日本、韩国等创造了东亚奇迹，背后都有政府主导的因素。在政府的主导作用下，通过积累原始资本、制定经济发展政策、支持主导产业、发展国民经济，在市场还不健全的前提下实现了资源配置。

改革开放初期，我国的经济发展水平非常低下，计划经济向市场经济的转轨过程中，面临着前所未有的严峻挑战，在市场力量微乎其微的情况下，完全依靠市场是不可能实现经济增长的。作为制度创新主体的政府成为主导力量，特别是在政绩考核压力的鼓舞下，各个地方政府争先恐后，利用行政权力对内拉动经济增长，对外抢夺发展资源，“锦标赛”式的竞争使得各地经济呈现你追我赶、欣欣向荣的局面。

然而，制度经济学也告诉我们，政府在经济发展中的作用是双重的。正如诺斯悖论所指出的，“政府是经济增长的关键，政府又是人为经济衰退的根源”。② 政府主导的产权界定可以产生规模效益，但由于竞争和交易费用的双重约束，往往导致无效的产权安排和经济的衰落。政府所创造的经济奇迹让人们产生了一种高傲的错觉，认为政府的计划理性可以取代市场的自发理性，但是，正如康德所说，人类无法凭借理性把握一切，如果理性不知趣地试图越过规定的限度，向所

---

① 林毅夫．关于制度变迁的经济学理论：诱致性变迁与强制性变迁［M］//财产权利去制度变迁——产权学派与新制度学派译文集．上海：三联书店、上海人民出版社，1994：194-383.

② ［美］诺斯．经济史中的结构与变迁［M］．上海：上海三联出版社、上海人民出版社，1994：21.

有的领域入侵时，则只能陷入二律背反，理性终究被理性所害。①

政府对市场的干预行为常常是一柄双刃剑，在发挥其积极功能的同时，负面的效应也非常明显，正所谓“成也萧何，败也萧何”。特别是地方政府作为市场培育行为的主体，完全代替了市场的功能，其目标并不是指向市场化，而是打着市场化的幌子，但政府干预的行政主导实质并没有改变，由于地方政府自利性，主导市场所导致的行为偏差必然十分明显，由此产生的负面作用不可估量。实际上，地方政府的行为动机表现得异常明显，其培育市场机制的初衷实际上是为了实现增长目标以体现政府的政绩，为升迁积累经济资本。如果推进市场化有利于实现地方政府的增长目标和政治晋升，地方政府会表现得特别积极。反之，如果市场化进程对于地方政府的行为动机不利时，地方政府的强大积极性会立即减弱和消失，如果这种不利特别明显的话，地方政府甚至会百般阻挠市场经济的成熟。

从实际情况来看，总体来说，改革开放后的经济体制改革已大大推进，但中国各级政府行政体制改革还远远滞后，这种政治和行政体制的滞后极大地束缚了经济发展的活力。特别是地方政府不适应市场经济的规律，对其行为边界缺乏相应的界定，行为模式认识模糊不清，忽视法律手段和经济手段的运用，动不动就通过行政手段强制干预市场运行和企业经营，造成了严重的后果。

从历史发展的经验来看，市场和政府在某种程度上都会表现出有效和“失灵”的两面。对于地方政府而言，可以说已经成为产权外私内公的一类组织。对外方面，由于以“公司”的形象直接参与市场经营，说明地方政府是准市场组织，因此，地方政府对外同市场一样，既有成功的一面，当然也会“失灵”。对内方面，地方政府掌握行政权力而积极干预市场，因此，同理论分析意义上的政府一样。地方政府的对外和对内都有可能成功，无效也是一种常态。在对外方面，地方政府在促进经济发展、维护有效竞争、推进价格市场化等方面贡献良多，运用行政权力降低市场准入，集中调配资源，帮助增加市场供给，支持了市场有效。但我们也看到，在另一方面，政府主导跟市场一样，也会失效，由于降低了市场准入，过度供给不可避免，行政干预降低了市场机制的效率，地方保护主义盛行、市场歧视增多、干预企业重组、限制民间资本等现象也表现得较为明显，在某种程度上极大地阻碍了市场化的正常进程。②

改革开放以来，地方政府主导的市场经济创造了经济增长的奇迹，但也为经

---

① ［德］康德．纯粹理性批判［M］．北京：人民出版社，2004：370.

② 经济学家许小年认为，经过30年的改革开放，政府在市场中成为了特殊的利益集团，对这个利益集团而言，目前这种半市场半管制的状态是最理想的，通过管制和审批“造租”，然后拿到市场上“寻租”，就是在市场上将审批权套现。

济发展带来了巨大的隐患。在地方政府走向公司化的过程中，问题更加严重。

其一，特殊利益集团的崛起。地方政府主导市场经济的发展，导致资源流向出现了问题，让经济主体产生这样一种错觉：只有依托于政府，才能实现超额利润。结果资本向权力低头，资本和权力结合在一起，产生了一群特殊利益集团。不仅公有企业可以堂而皇之地寻求政府的关怀，私有企业也在积极仿效，甚至连外资企业也学会了理解中国国情，主动向政府“寻租”。特殊利益集团既垄断了行政权力，又掌握了大量资本，导致财富快速向这些集团集中，强势利益集团进而开始左右地方政府的决策，长此以往，经济和社会发展的创新欲望被扼制，经济发展可能因特殊利益集团的控制而窒息。吴敬琏曾警告，应防止政府主导型经济蜕变为权贵资本主义。

其二，资源配置的失效。在改革开放初期，市场力量还比较小，整个市场结构还比较简单单一。政府主导市场确实可以快速地配置资源，产生集中力量办大事的效果。但是发展到今天，中国的市场已经非常庞大，市场结构也异常复杂。在经济全球化，特别是中国加入 WTO 的背景下，市场瞬息万变，地方政府的力量有限，对市场信息的判断不可能完全准确，如果还依照惯性力量去大包大揽资源分配，必然会使资源配置失效，结果是政府越干预，办的错事越多，陷入一种恶性的循环之中。特别是在行政区域利益的影响下，各地方政府争先恐后地上马一些能快速产生效益的项目，必然造成各地产业结构雷同与低水平的重复建设，导致产能过剩。

其三，市场相对萎缩。政府的强势主导在市场完善期是有必要的，但是，政府主导市场经济就会挤压市场正常活动的空间，如果说市场经济所产生的外部效应本身无法消除时，需要政府介入；但市场能够正常配置资源时，政府也进行干预的话，市场配置资源的能力必然会严重受损。在资源总量一定的假设下，政府配置资源的能力越强，就意味着市场配置资源的能力越弱，这是一个此消彼长的关系。地方政府公司化的过程实际上就是地方政府代替市场的过程。历史事实证明，正常的市场配置资源能力的消减必然会产生严重的后果。

其四，分配正义受到损害。政府主导市场经济，必然产生了众多的“寻租”空间，为政府官员设租提供了机会。特别是大型基础设施建设等政府主导的工程项目，由于无法实施有效的监督机制，政府官员的自利动机极易催生腐败现象。在寻租和设租的过程中，政府官员及其利益共同体获得了大量财富，远远超过了市场本身所带来的贫富差距分化，财富向权钱集中的趋势越来越明显，客观上拉大了社会的贫富差距。

综合上述论证，从终极价值判断上看，地方政府公司化中的增长联盟给社会化带来严重的危害，长此以往，必将带来严重的合法性危机，并产生治理灾难。

第六章　地方政府公司化中的反增长联盟

在有关城市政治的研究中，莫洛奇观察到，当增长联盟损害了其他利益群体的利益时，那些利益群体，主要包括劳工、工会等行动者和组织将结成反增长联盟，阻碍城市的增长，甚至使增长联盟的行动纲领无法实施。但是在中国，由于事实上存在的长期“官本位”体制的影响和民主化、法治化进程的相对落后，城市的市民社会、非政府组织（NGO）的实力仍然极其弱小，所以反增长联盟并没有形成西方所特有的力量，整体上还非常微弱。

第一节　中国语境下西方式反增长联盟未形成的原因

在增长共同体形成之后，地方政府获得了大量的发展资金，企业获得了政策支持和权力保障，双方的合作客观上带动了地方特别是中心城市经济和社会的发展，加快了城市化的进程。然而，增长共同体所获取的利润超出了市场的平均利润，必然会损害其他主体的利益。在西方，有反增长联盟对增长联盟的蔓延进行限制，特别是工会的力量比较强大，个别工会甚至能左右总统的选举。同时增长联盟受制于西方的民主选举机制，增长联盟如果以牺牲大众的利益来获取超额利润，或者民众没有从地方经济的发展中获利，那么增长联盟中的政府必然会被民众所抛弃，也就是通过选举来改变地方政府的组成，从而拆散现有联盟。而在中国，却不存在相应的约束机制，民众并不能掌握地方领导人的任免，工会基本成为政府的附庸，非政府组织的力量比较小，作为社会中间力量的中产阶级始终无法形成，各种救济补偿机制虽有制度规定但却无法实现其目的。唯一能拆散现有联盟的是中央和上级政府，但这毕竟是非常态的，而且新的增长联盟也很容易再次形成。尽管地方治理开始逐步完善，但依然没有形成制度性的规范。

一、地方政府的无契约约束与非对称政治结构

中国两千年的封建历史传统孕育出皇权至上的专制思想，“普天之下，莫非

王土；率土之滨，莫非王臣”。这种权力主导一切的思想与契约精神和民主理念南辕北辙，因此中国传统文化中契约思想极其匮乏。个体在社会面前是没有意义的，没有独立的尊严和价值，只是被封建专制主义统治和教化的对象。新中国成立之后，我国实行高度集中的计划经济体制，政府主导经济和社会的发展。由此，强国家、弱公民社会的结构得到了进一步强化。改革开放后，这种格局并没有得到根本的改变，官本位的思想还有很多的活动空间。虽然党的十五大正式提出建立社会主义法治国家，经过多年的努力和实践，法律制度层面日趋完善，已经形成比较完善的法律体系。但是，离法治的精神要义还有很长的路要走。长期的官僚体制影响使得官本位根深蒂固，政府与民众的关系还是不对等的，力量上也无法形成均衡态势。

二、市民社会的不健全与非政府组织的力量微弱

从20世纪90年代以来，关于市民社会的讨论就开始出现了。市民社会被诸多学者看做是推动中国民主建设的重要动力，而市民社会的缺乏被看做是中国不能完成政治社会变迁的主要原因。在权威主义文化中能否产生真正的市民社会组织，这是引起人们极大争论的问题。一些学者指出，改革开放以来，随着国家的退出，市民社会开始出现。① 而与之对立的观点则指出，在权威主义文化中没有真正的市民社会和类似这样的组织。②

一方面是学术争论的日益激烈；另一方面，随着中国改革开放进程的不断加快，社会的迅猛发展对国家与社会之间的相互关系产生了极大的影响。在全球化思潮的引导下，在市场经济大潮的冲击下，全能主义国家开始逐渐解体，国家对社会的控制也开始走向松弛，受此大环境的影响，中国的民间社会活跃起来，开始扮演自己的角色。在市民社会的形成过程中，有两类非政府组织日益引人注目，其中一种是政府性极强的非政府组织，由于其脱胎于政府，打上了很强的行政烙印，难以实现真正的独立自主，对政府的依附性过于强烈；还有一种属于草

① He, Baogang. *The Democratic Implications of Civil Society in China* [M], London: Macmillan Press Ltd, 1997. //Verneer, Eduard B., Frank N. Pieke, Woei Lien Chong, eds., *Cooperativeand Collective in China's Rural Development: Between State and Private Interests* [J]. Armonk, N. Y.: M. E. Sharp. 1998.// Wakeman, Frederic Jr. *The Civil Society and Public Sphere Debate: Western Reflections on Chinese Political Culture* [J]. Modern China, 1993, 19: 108-138.

② 孙立平. 改革前后中国大陆国家、民间统治精英及民众间互动关系的演变 [J]. 中国社会科学季刊, 1994 (6). //萧功秦. 市民社会与中国现代化的三重障碍 [J]. 中国社会科学季刊, 1993 (5).

根型的非政府组织，其成立方式往往是自下而上的，通过争取国际组织的项目和国内基金的资助维持运转，并推动中国的市民社会建设进程，但由于先天发展不足，后天可依赖资源有限，加上整个社会大环境的束缚，对社会的影响力有限，难以发出自己的声音。

根据对目前民间组织发展的基本判断，本书认为市民社会作为一个独立的部分并没有在中国形成，如果说非要有个定位的话，把目前中国非政府的民间社会称为前市民社会状态是比较合适的。在这一状态下，虽然市民社会的独立组织和行动已经开始对社会产生影响，但是中国还没有有关市民社会的发展理念和完整的法律框架体系；市民社会组织虽然如雨后春笋，纷纷涌现，但还处于未成熟阶段，极其脆弱与不稳定；虽然得到了国际国内的一些资金援助和资源输入，但总体而言仍然是杯水车薪；虽然在某种程度上实现了独立自主和自我管理，但整体实力弱小，根本无法同强大的政府和成熟的市场进行平等的协商谈判。

总体而言，前市民社会状态仍然呈现出走向相对独立和自治的可能性。尽管有这样的可能性，但是在这样一个前市民社会状态下，中国市民社会存在着诸多的困境。

其一是法律制度的限制。目前的法律制度对非政府组织的控制是比较严厉的，要想成为独立的法人在民政部门注册，非政府组织的设立需要双重审批：既要有业务主管单位的挂靠，也要有行政主管部门的审查。特别是“婆婆”，也就是业务主管单位比较难找，主要是很多政府部门深恐管理非政府组织惹上不必要的麻烦，因此对于其挂靠根本没有积极性。而且法律对非政府组织还规定了严格的资本和人员要求，超高的门槛往往让很多准非政府组织望而却步。总的来看，对非政府组织的义务和要求规定较多，但权利方面的赋予还比较少。其结果是很多非政府组织并没有选择注册，而实际处于非法运行之中。

其二是人力资本的缺乏。在西方，非政府组织的工作人员往往具备专业的技术和能力，属于社会的精英阶层，但在中国，“一流人才去政府，二流人才去企业，三流人才到 NGO”是非常真实的写照，由于政府对资源的高度垄断导致社会的优秀人才纷纷挤进公务员这个圈子里去，再不济也找个企业，对于非政府组织的向往明显不如前两者，导致非政府组织无法吸纳优秀人才，现有的职员也没有经过系统的培训和相应的人力资本能力建设，虽然非政府组织的工作人员有时表现出忘我的热情和超长的忍耐，但其整体素质不高是社会的共识。

其三是发展资金的匮乏。任何组织的发展进步都需要大量资金的支持，中国的很多非政府组织由于没有通过注册而没有法律地位，加上国际基金组织的偏见，不少非政府组织无法得到外界的帮助和支持，经常陷入资金困境之中而不能自拔。即使获得相应的资金支持，也是杯水车薪。根据一些材料的披露，很多非政府组织的年经费预算不足 10 万元，显然无法支持其正常运转，甚至连工作人员的工资发放都存在严重欠缺，因此，很多非政府组织的工作人员选择了兼职，但这又妨碍了非政府组织的正常工作。

其四是社会信任的不足。由于非政府组织在中国还是新兴发展事物，公众对其运作还不太了解，特别是目前带有强烈政府色彩的非政府组织在运作过程中的透明度和效率的欠缺，损害了非政府组织整体的声誉，导致“作秀”的色彩十分浓厚，经常被公众质疑其活动效果。在非政府组织内部，由于缺乏相应的监管，加上内部组织制度的不健全和运作的不透明，非政府组织的领导者经常遭到职员或志愿者的质疑，周期性的人事“地震”时有发生，这种内部的不信任很容易使非政府组织走向解体。

其五是发展充实的困境。由于中国的非政府组织还处于发展初期，缺乏相应的知识和技术，因此对于内部组织及其志愿者的培训非常迫切，虽然国内已开展相应培训，但培训机构及培训师由于不了解非政府组织的实际发展状况，只能引进国外经验，缺乏中国语境下的思考，很多知识并不能很好地指导非政府组织的实际操作，因此非政府组织的运行缺乏相应的行动策略，组织的长远发展和战略定位也比较欠缺。

面对市民社会的不健全和非政府组织存在的困境，解决的办法非常之多。本书需要着重指出的是，民间草根组织的志愿者们正在做出自己的努力，向社会表达他们的声音，证明非政府组织的存在和力量。尽管实力弱小，力量薄弱，但却坚定了中国走向市民社会的决心，在某种程度上对于政治体制的转型和社会治理结构的变迁具有重大理论和实践价值。

三、工会组织的体制性困境与无助

工会最初的意思指代那些基于共同利益而自发组织的社会团体，这一共同体主要包括某个产业领域的工人，受雇于同一雇主的员工等，其组织目的是通过形成集体力量，在工资薪金、工作环境和工作时限方面与雇主谈判之时更有力。

在市场经济的发展过程中，劳动者和资方的力量很明显是不均衡的，劳动者个人根本无法同雇佣者对抗，在保障自身权益方面仅仅只靠个体是无法实现的。从理论分析的角度而言，能够在现实中保护劳动者权益的包括各级政府、企业主以及工会，但事实则完全不一样。虽然政府从法理上说代表了全社会的共同利益，有责任维持社会各种力量的平衡，但问题是地方政府和利益集团组成增长联盟后，地方政府监督企业遵守法律法规、维护劳动者权益的本职被弱化，特别是为了追求经济增长目标的实现，忽视了政府在市场经济中的公共管理目标，对于劳资双方的冲突不管不问，甚至有个别地方政府为了维护资方的利益而运用行政权力打压劳动者，明显站在了强者一方，严重损害了劳动者的权益。对于企业主来说，追求自身利益最大化是其作为“经济人”假设的理性行为，在某种程度上讲，劳动者利益的实现意味着企业主利益的相对受损，如果没有外力的介入，仅仅凭借企业主的良心发现去维护劳动者权益，既不现实，也不具备普遍意义。

在“强资本、弱劳力”的不均衡态势下，联合劳动者的个体力量只有集合起来，才能通过组织去平衡双方的不对等关系，从而维护劳动者的合法权益。这样看来，作为法定的工人组织机构，工会作为相对独立的利益团体，被赋予了维权的历史重任。劳动者可以通过工会的力量，改变自身的弱势地位，同时通过有序组织的方式合理合法维权，更有利于维权目标的实现和自身合法权益的保护。但是，问题是劳动者对于自己的维权组织工会却并不买账，根据中华全国总工会的一份调查发现，劳动者对工会工作的不满意比例高达50%以上。很明显，仍然延续计划经济年代工作思路的工会已经面临着难以为继的危机，出现了一系列困境。

（一）工会的独立性缺乏，难以有效开展工作

西方国家工会发展的历史和经验说明，只有保持工会的独立自主，拥有独立的财产权利和法人资格，工会才能发挥应有的作用——缓解劳资矛盾、维护劳工合法权益、平衡社会阶层力量。

按照相关法律规定，应该由劳动者自己来组建工会，只有这样才能维护工人的合法权益。但现实问题却并非是劳动者自己选举产生工会，而是由党和政府、上级工会以及企业老板在操纵工会的组建，各级工会的负责人往往要么由各级党委政府任命，要么由企业主决定，导致了工会法律主体的错位。本来应该通过召开会员大会选举产生工会，但实际上的程序却是先由代表党和政府的上级工会与企业主商讨筹备小组，确定工会组织候选人，然后再通过召开大会成立工会。在这个过程中，基本上工会工作人员已经内定，劳动者并没有选择的权利，也很难表达自己的意愿，最多只能通过“沉默”来表示抗议。《工会法》第9条明确规定：“企业主要负责人的近亲一般不宜作为工会主席的候选人。”但现实往往突破了法律的规定和限制，文件规定工会主席至少享受单位中层级别待遇，有些甚至规定工会主席属于单位领导，但由于地方并没有明确规定其要求，企业主认为只有挑选亲信担任工会的成员才能保证自身利益的实现，其结果是主席、副主席、工会委员基本上都由企业主来确定。而且一旦工会成立，劳动者并不能成立新的工会。因为现有规定实际上是一元化工会体制，即使工会严重侵犯劳动者的合法权益，劳动者也无权另选工会“取而代之”，这种行为实际上严重违背了国际劳工公约的基本精神，也在某种程度上剥夺和侵犯了劳工合法权益。

要想成为独立组织发挥作用，除了独立的主体资格之外，必要的经费支撑也非常关键。现行《工会法》规定，工会的经费主要来自建立工会组织的用人单位按每月全部职工工资总额的2%所拨的经费。法律的初衷是良好的，这种制度设计是为了保证工会能够拥有足够的收入来源，但问题是“吃别人的嘴短、拿别人的手软”，工会经费的被控制直接导致工会工作难以挺直腰杆。资方的好恶可以扶持一个企业工会，同样可以随意拔掉一个“带刺的工会”。在这种强压式的权钱魅影下，工会很难准确找到自身的角色定位，严重地依赖资方，媾和资方。这样，工会实际上已经变成企业主的附属物，不管是对政府还是对于资方，其平等地位早已不存在，更谈不上维护劳动者的合法权益了。

（二）职能错位，基本丧失维权能力

工会逐渐远离工人，职能被资方弱化。工会不再深入工人中去，如遇紧急情况，最多也是帮着“打打杂”。其“代表职工利益，依法维护职工的合法权益”的神圣职责已在外界的打压和收买、自己的依附和妥协中渐遭蚕食，不断消弭。在现实中，对于工会的职能范围往往就是“吹、拉、弹、唱”，说白了，就是“搞活动、发福利”，这是很多党和政府领导、企业管理者和劳动者的“广泛共识”，至于维权则根本无人问津，劳动者对此也不抱希望。在这种理念的指引下，政府往往把工会当做副手，要求工会做好对工人的宣传教育工作，配合企业的日常管理，完成党和政府以及企业交办的任务。结果是工会蜕变成企业下属的工作部门，雇主可以为所欲为地进行干预，如果有工会干部试图行使维权职能，那么其等待的可能是解雇等报复性手段。

现实生活中工会主席的悲催遭遇并不只是个案，作为工会的领导人，工会主席连自己的合法权益都难以维护，更谈不上维护劳动者权益了。“我维护职工的权益，谁维护我的权益”成为很多工会主席的工作心声。党和政府、企业主、工会负责人对工会职能形成了事实上的“错误共识”，就连劳动者也不理解，认为工会的内容无非就是组织旅游、发发福利、慰问演出、文体活动等。这种错误认识的存在对于工会转变自身职能造成了严重的思想障碍。

（三）工会缺乏吸引力，入会积极性不高

根据中华全国总工会披露的信息表明，目前参与各级工会的会员总数只有1亿多人，但全国有资格参加工会的职工总数接近3亿，这意味着只有一半的职工参加了工会，还有1亿多人被排斥在工会组织之外。出现这种现象的主要根源在于外资企业和民营企业对于组建工会缺乏动力和积极性，世界500强在华企业超过一半没有组建工会，而民营企业的比例不足1/3。

根据邱蓉做的一份调查显示，劳动者对工会维权和解决实际问题的信心明显不足，已入会的劳工对工会“应该”和“实际”代表、维护全体劳动者合法权益的选择率分别为71.5%和19.4%；但当劳动者面临不公正对待时，选择工会维权的劳动者比例就急剧下降到 8.2%。还没有加入工会的 235 名劳动者，在对他们入会意愿的调查结果则更加表明了工会在劳动者心中的分量，劳动者对于加入工会根本就没有多大兴趣，只有 40%的人表示有参加工会的意愿，20.3%的人明确表示不愿意参加工会，39.7%的人表示无关紧要。① 出现这种现象的根源在于工会的职能运作不能保持独立，完全附属于企业的管理和地方行政权力之内，所谓的维权组织只不过是“纸糊工会”和“牌子工会”，对于这样的工会，劳动者当然没有参加的积极性。

（四）工会维权缺乏法律的有效支持，法制不健全

虽然中国已经制定了《工会法》，对于工会的地位及职能以及劳动者权益保障都有相关规定，但还存在着明显的困境，相比西方国家来说还存在着不足。很多表述存在明显的问题，对于工会的法律支持明显不足。按照法律的规定，工会实际上的作用只有协商、调节、交涉、建议等这些权利，根本没有决定权。工会组织想要发挥作用，必须依靠党和政府的力量，借助企业的支持配合才能实现。所以，工会在和政府、企业的博弈中实际上处于极度弱势的地位，其工作基本上流于形式，职权被虚化。

虽然工会是工人群众自发形成的群众性组织，有着非盈利性、非政府组织性、志愿性，可是从基层工会开始，到各市区总工会，到各产业工会，再到全总，从其整体来看，自上而下，其体系、部门、职位设置以及机构形式，处处都透露出工会在以一种科层制的方式在运作。韦伯认为，科层制是遵循法理型权威而形成的最合理的制度形式。② 然而，当西方国家的“政府再造工程”将核心定位于改造官僚制的“DNA”，试图突破经典官僚制的伦理困境的时候，我国面对的问题则是官僚制发展不足或工具理性的阙如。

《中华人民共和国工会法》作为一种正式规则，规范着各级工会的组建、运作以及功能实施。在宪法和《工会法》以及《劳动法》的约束下，各级工会履行着维护、建设、教育、调节的功能。但是，由于工会立法缺乏严谨性，相当一部分措辞成为一些企业与单位回避维权责任的借口，而在对法律责任承担与追究的规定时又显得模糊而且缺乏可操作性，并且缺乏防止雇主操纵谈判的相关法律规定，对工会权力与权利的保护性规定还缺少有力的配套政策。例如《工会法》、《劳动法》中某些法律条款模糊不清，概念界定模棱两可，这就导致了无法可依，或者无法追究其违法责任，而使有些侵权行为难以定性，也就谈不上维权了。《工会法》第 18 条规定：“基层工会专职主席、副主席或者委员自任职之日起，

① 邱蓉．工会在企业的迷失［J］．当代经济，2003（9）．

② ［德］马克斯·韦伯．经济与社会［M］．北京：商务印书馆，1998：279-280.

其劳动合同期限自动延长。”《劳动法》第25条规定：“劳动者严重失职，营私舞弊，对用人单位利益造成重大损害的，用人单位可以解除劳动合同。”这两部法律明显存在着对立的漏洞，当出现员工权益受到侵害的时候，企业和员工对上述两个概念的定义很可能出现公说公有理，婆说婆有理的状况，企业可以凭借这两个原因任意处理那些不听话的工会干部以及其他的劳动者。这其实是为企业开除不利于己的工会干部以及员工留下了一个缺口。

虽然工会的职能有各项法律依据来保证实施，然而在现实生活中，工会的权利实现却大打折扣，法律法规的执行受到非正式规则的挑战。在许多企业，工会形同虚设，是名副其实的空壳工会或者说是“三无工会”（无会员、无活动、无经费）。民工工资拖欠至今屡见不鲜，生产安全事件频繁发生……我们现在谈及这类问题的时候，可以找出种种原因，也经常以“社会主义市场经济体制还不完善”作为根本原因。但是综上所述，便是工会维权能力尚待提高。

从中国历史上看，在正式规则设立之前，非正式规则便承担了维持人们社会关系的主要责任。即使是在现代社会，正式规则也只占了一小部分，人们的日常生活包括工作，仍然大部分都是由非正式规则来确定的。再加上中国人本身就是比较注重人情、注重关系的群体，因而对于工会工作来说，非正式规则能够在无形中影响工会维权的顺利进行。即使法律法规制定再细化、再完善，可是由于其执行主体是人，具体操作都是由执行主体来控制，因此在维权过程中，难免会出现制度规避、制度变通的情况。这其实就涉及到底是要“以法治国”还是“以德治国”的问题，不是说制度规避和制度变通是绝对不好，只是在某种情形下，执行主体出于某种目的而进行制度变通和制度规避就成了对正式规则的一种挑战。某些工会工作人员迫于人情，迫于经济诱惑，迫于企业压力，经常绕过正式规则，优亲厚友，厚此薄彼，以权谋私，更多的是站在了企业的立场。

在工资集体协商过程中，工会参与的最重要的就是过程。研究表明，非正式沟通在工资集体协商过程中处于主导地位，这与西方市场经济国家形成的国际惯例和国际劳动组织的要求是有差别的。在国外，工会运用更多的是谈判方式，而在国内，谈判变为协商，冲突性减弱，合作性增加。虽然非正式沟通有利于节约协商成本，降低事态风险，易于避免陷入僵局和对抗，但是协商双方具有企业内上下级关系，在我国传统文化中注重人际关系远胜于制度规范，工会缺少展现实力的手段制约对方，这些使得非正式沟通倾向于损害职工权益。在工会和企业合作的基础上，不仅有企业对工资增长的承诺，还有工会对提高劳动生产率的承诺。但事实上，工会职能应当只涉及实现和保障职工的权益。最后，通过非正式沟通的集体协商的结果便是工资结构的调整。工资的总体增幅是协商成果的标志，但总体增幅的比率不是人人都能享受到的。调查显示，协商后的工资调整结果，都是部分关键位置的管理人员和技术人员工资大幅度增加，而一些一线简单劳动者的工资水平反而有所下降，甚至遭到减员增效的报复。

第二节　地方政府公司化中反增长联盟的主体：农民

在西方国家中出现的反增长联盟并没有出现在中国，在地方政府与利益集团结成联盟的同时，反增长联盟也开始以各种形式出现，只不过中国语境下反增长联盟的主体变成了农民。之所以农民成为主体，原因在于地方政府公司化及增长联盟的形成，农民是利益受损最大的群体，特别是增长联盟依赖的主要是土地财政，因此农民手中的土地成为“香饽饽”。尽管当今农民的收入来源多样化，土地不再是“命根子”，但土地对于农民的生存价值不言而喻，当土地被征用后，农民的生存就受到严重的威胁。一方面，地方政府和利益集团的征地补偿措施非常不合理，在拆迁安置中根本没有考虑到农民未来的生存需要；另一方面，农民由于长期以土地谋生，在市场体系中缺乏必要的就业技能，加上城市用工政策对农民充斥着歧视和偏见，导致农民的未来生活难以为继。

一、经济利益最大化：地方政府行为的异化

从理论的分析层面而言，市场经济体系中的政府充当的是“裁判员”的角色，其本身职能应该表现在几个方面：承担宏观调控，纠正市场“失灵”；提供公共产品，满足市场协调需要；进行市场监管，维护市场竞争秩序。作为市场经济的“旁观者”，政府不能直接参与市场竞争，换言之，不能通过干预市场来获得利益，因为政府不是市场经济的利益主体。但在现实中，由于我国实行的市场经济改革路径是典型的政府主导型，地方政府的管理模式依然延续了计划体制年代的思路，政府直接插手干预市场运行。在农村土地管理制度方面，地方政府表演着多重角色：农业土地的征用者与国有土地的出让者；征地安置补偿方案的制订者和执行者；农业土地征用权的行使者和利益冲突的协调者。在“经济人”假设的指引下，面对如此多的利益交错，地方政府追求的目标难免会转向自身利益最大化。

房地产市场作为国民经济的支柱性产业，其不断升温的发展态势给地方政府带来了极大的刺激，财政包干和分税制的实行以及考核体系的 GDP 导向，使得地方政府对土地市场产生了极大的兴趣，获取土地资源能够带来巨大的级差地租收益。于是，地方政府纷纷打起了土地的主意，通过参与土地市场竞争来获取收益。由此产生的土地财政其最大受害者就是作为弱势群体的农民，一些地方政府

打着“社会主义新农村建设”的旗号，以统筹城乡发展为由，擅自攫取城镇建设用地指标，变相增加商业用地，农民的合法土地权益因此受到严重的损害。

二、显失公平的土地收益分配：现行土地制度的缺陷

现行的土地管理制度的两个缺陷使得农民的权益受到严重损害，其一是不明晰的土地产权制度，其二是不公平、不合理的征地补偿政策，所导致的结果是政府获得了大量收益，而农民所分配到的部分可以说是杯水车薪。

现行的《土地管理法》、《土地承包法》在土地产权方面存在着明显的缺陷和不足，也即是产权的缺失或者说是“虚无”。从理论上说，农村土地归集体所有，但问题是如何界定“集体”，相关法律规定并没有给出明确的规范和界定，导致农村土地所有权变得抽象，意味着“集体人人所有的结果是无人所有”，结果管理集体土地的村委会就变成事实上的所有权拥有者。由于村委会的政治和行政色彩远远超过自治色彩，村组干部侵吞土地利益非常方便，同时也为上级政府征用农村土地提供了极大方便，农民的土地权益遭到侵犯就在所难免了。

根据现行《土地管理法》的规定，被征地农民可以得到安置补助费、土地补偿费、青苗的补偿费、地上附着物补偿费等四项补偿，但《土地管理法实施条例》的详细规则却使得农民的利益被忽视弱化了。按《实施条例》的相关规定，安置补助费在原则上是谁安置劳动力则补助费就归谁，土地补偿费划归到农村集体拥有，青苗补偿费和地上附着物补偿费归其所有者占有。从中不难看出，四项补偿措施只有青苗补偿费和地上附着物补偿费归属农民所有，但实际上这两项补偿很少。土地补偿费归农村集体所有似乎对农民有利，但农村集体实际上是村级组织，他们并不能代表农民所有，这些年来不断爆出的村组干部侵吞土地补偿款案例就明确地证明了这一点。尤其不公平的是，农村集体土地被征用后往往改变了用途，特别是工商业用地价格往往成百上千的增长，改变土地用途的增值收益并没有体现在征地补偿费用之中，这对农民来说显然极其不公平。

三、自身合法权益的无力维护：无组织化的力量

农民虽然是中国最大的团体，但农民长期形成的“原子化”个体又极大地消解了这一庞大人群的力量，原因在于农民的组织化程度非常低。一般来说，一个阶层力量的强大与否取决于这个阶层组织化的程度，往往越有组织，其博弈力量就越强，越能为本阶层获取更多的利益。改革开放以来，庞大的农民群体实际上并没有代表自己利益的组织。作为组织形式的村集体，随着后农业税费时代的来

临，越来越处于“悬浮”① 状态，除了组织会议和上传下达之外，基本上失去了原有的影响力，村组干部也是“经济人”，作为政治和行政力量在农村的代理人，他们并不能代表农民利益。另外农村虽然成立了很多合作社，但基本上从事生产经营服务，对经济利益方面的关注超过了其他方面，对于维护农民利益并不热衷。而且这些农业合作社普遍存在着各种缺陷和不足，诸如规模较小、覆盖人群有限、实力不强、寿命较短等。无组织化的力量使得农民在与社会其他利益主体的博弈中始终处于不利地位，无法追求自身合法利益的最大化。当农民利益被侵犯而忍无可忍时，上访、群体性事件等极端方式就取代了谈判等制度性的措施。

第三节　反增长联盟的运作方式：农民的集体性抗争

一、农民抗争的原因

（一）改革非均衡与市场风险：农民对土地的依赖和回归

由于中国处于农业社会向工业社会的转型时期，对农民来说，土地仍然是非常重要的生产资料。尽管“种一年粮不如打一月工”，土地对农民收入而言并不重要，但事实上，农民对土地的依赖程度并未下降，反而在逐步加深。原因在于虽然农民通过打工获取了比较高的收入，但打工毕竟是不稳定的，存在着较高风险。特别是市场风险的加剧使得土地对农民来说还具有一定的社会保障作用，为农民提供一条“后路”。

对于农民而言，尽管来源于土地的收入逐渐减少，但农民长期习惯的是自给自足的自然经济方式，一旦被强行卷入市场领域，由于农业本身属于高风险行业，加上市场的残酷竞争，使得农民对市场的恐惧有增无减，在这种困境下，土地的社会保障功能在实现回归。陈斌开和林毅夫的研究指出，中国长期实行的是重工业发展优先战略，与之相配套的是宏观政策制度、微观经营体制以及资源调配系统。这种政策组合剥夺了农民的农业剩余，导致农民收入长期低下，农村劳动力很难实现向城市的迁徙，农村陷入长期贫苦和改革滞后的境地。② 尽管社会主义市场经济体制的改革取得了巨大的成功，但改革的向度和维度都是不平衡的，并没有全方位的推进，有关“三农”的改革大大滞后。农民在这种“二元

---

① 彭正波．农村社会的治理危机：四个维度的分析［J］．求实，2012（9）．

② 陈斌开，林毅夫．重工业优先发展战略、城市化和城乡工资差距［J］．南开经济研究，2010（1）．

结构”下实际上成为国家和社会的终身雇工，“三农”困境由此可知。这种形式下，“农民不是积极性受到严重损害的问题，而是有无积极性的问题”。①

在户籍制度改革方面，尽管农民进入城市更加简单易行，但内生性的制度歧视却同时开始起作用。对于城市居民而言，城市户口可以理所当然地享受城市发展带来的便利，尤其是这种收益无需支付任何成本。但是，当大量农民涌向城市后，在某种程度上损害了城市现有居民的切身利益。于是，地方政府在城市居民的要求和压力下，出台了诸多针对农村流动人口的歧视性制度和措施。失地农民由于本身的局限性，在激烈的市场竞争中明显处于劣势，只能从事“脏、累、差”的职业和工种，加上各种歧视性的政策，使得农民进入市场后的风险大大增加。

通过以上分析，我们可以得出，由于“三农”问题的改革落后于整个市场化改革的进程，农民在高度市场化的今天，其市场风险不仅没有得到消减，反而越来越严重。农民觉得进入市场风险性越大，那么对于土地的依赖程度就越深。

（二）抗争：农民对低价征地的策略性反应

根据《土地管理法》的规定，征用土地必须给予补偿安置，标准则是参考被征土地的原始用途，征用农民耕地补偿安置费用包括：安置补偿费、土地补偿费、青苗补偿费及耕地地上附着物补偿费。同时又规定，土地补偿费和安置补偿费的总和有一个限制标准，就是不得超过耕地被征用前3年平均年产值收益的30倍。这样看来，一方面是土地对于农民来说越来越重要，另外一个方面是征地如此廉价。两相对比，农民选择抗争的理由就增加了。而且，对于农民来说，征地后的预期后果也影响到农民的判断。被征地后，也许农民就幸运地成为“市民”。这样，农民既没有土地用于生产，也没有足够的资本在城市立足，也没办法纳入城市社会保障体制之中。即使征地补偿金额非常丰厚，但农民没有企业家的才能和创造财富的冲动，他们习惯于“自给自足”，如此下去只能“坐吃山空”，在补偿金额消耗完毕后，农民就成为身无分文的失地农民，彻底被市场和社会抛弃。

二、农民抗争的方式

由于地方增长联盟在征地过程中的过分剥脱，而且是以法律和政策的名义进行的，因此，农民很难通过协商以及其他制度化的渠道来维护自身权益，因而，理性的和非理性的、合法的和非法的、个体的和集体的、和平的和暴力的手段等

① 庞绍堂．“三农”问题渊源考——兼论其解决之道［J］．江海学刊，2008，4.

都有可能成为农民抗争的方式。具体来说，农民的抗争可以表现为以下几种方式。

（一）对媒体的“倾诉”：农民对征地行为与补偿的不满及抱怨

在地方政府的征地过程中，农民与其他利益主体的信息是严重不对称的，农民处于信息劣势地位，只知道所经营土地的基本特征及产量等很少的信息，对于土地征用政策及用途、目的等基本上毫不知情，这种信息劣势对于农民与增长联盟的博弈非常不利。当然，在信息时代面前，农民也会通过各种手段弥补信息的非对称。当他们发现地方政府和房地产开发商存在着严重违规行为时，或者土地征用的补偿让他们觉得“亏了”的时候，对征地行为与补偿的抱怨不满就会强烈地表露出来。一旦社会舆论察觉到这些信息时，农民的不满和抱怨就能通过大众传播媒介传递出去，刺激公众敏感的神经。在长期的斗争中，农民也掌握了这一技巧，开始积极主动地寻求舆论的支持。由于人们同情弱者的社会心理，作为征地行为中的失败一方，农民的不满和抱怨很容易获得社会舆论的道义支持。

（二）谈判机制：农民与地方增长联盟的策略性博弈

当农民感觉征地行为不可能阻挡之后，寻求补偿价值最大化就成为农民的现实选择，特别是对于土地征用补偿标准的确定，表现了农民的策略性讨价还价能力。往往其中一部分农民的补偿条件确定后，后续的补偿谈判中的其他农民会提出更高的要价，随着增长联盟同农民谈判次数的增加，补偿标准会不断飙升，而前面已签订补偿款契约的农民则会反悔，每一个更高标准的确定都给了其他农民“搭便车”的机会。当然，当农民的过分要求远远超过地方增长联盟底线的时候，谈判往往会陷入僵局，当强制拆迁不可避免时，全村男女老少往往会“一齐上阵”给地方政府制造强大压力，迫使增长联盟回到谈判桌前。

（三）寻租：农民的机会主义

一份关于厦门特区土地征用的研究报告是这样描述农民的寻租机会主义的：

国家建设征地按规定给予农民一定的经济补偿，村民一旦知道哪个地块列入开发建设的规划里，马上突击抢种、抢养、抢建、强行承包工程、强卖地材的现象也不同程度存在。有的村民雇佣民工抢种名贵花木，成为抢种“专业户”，个别村还出现挑灯夜战，一夜之间使光秃秃的山头成为“花果山”。有的村民不惜向单位或个人贷款几十万甚至上百万元建苗圃，种植名贵花木，搭建临时建筑物，从而增加征地补偿金额，这些在一定程度上影响征地工作的开展。村民互相攀比，对所抢种的青苗不予补偿就不签协议，甚至一吵、二闹、三上告。

从这份报告的描述中，我们不难看出农民也存在着谋求租金的机会主义。之所以出现这种现象，在于土地资产属性的极其复杂，土地的所有权及其衍生权力往往很难界定，这一点不管是政府政策还是市场价值规律都鞭长莫及。于是土地征用中的权利转让实际上形成了公共领域，各方都可以从中获取相应收益，除了增长联盟拿走“大头”之外，那些拥有信息优势，也就是熟知特殊农作物种植及经营的农民就可能利用机会进行寻租。当然，农民的这种寻租行为可能通过“学习机会”产生示范效应，于是上面提到的遍地“花果山”现象就大量出现了。

（四）上访：非制度化的抗争渠道

当通过正常的协商谈判机制无法实现所预期的收益时，当寻租行为的过程被阻止后，上访，特别是越级上访，这种非制度化的渠道就成为农民的被迫选择了。农民通过上访主要是想引起上级政府特别是中央政府的关注，希望通过上访给地方政府施加压力。地方政府也害怕自身的违规甚至违法行为被中央政府和上级政府所知晓，要么被迫答应农民提出的要求，要么阻挠和干扰农民上访——地方政府往往会选择恐吓、拘留、阻止上访者息访，因此上访者要承担人身伤害和财产损害。即使会受到伤害，但上访现象依然难以杜绝，往往“一波未平，一波又起”。之所以出现这种现象，在于上访者有强大的信念：上访成功之后的预期收益非常高，而且他们相信上访最终会成功。

（五）诉诸法院：寻求政治资源的支持

上诉至法院对于农民来说实在是不得已的选择，因为诉诸法律往往需要专业化的知识和能力，还需要高额的成本支出以及时间消耗，这对农民来说是不能承担的，加上法院在审理同类案件时往往偏向于政府而使得农民败诉，即使审判胜诉也难以得到执行，这些情况更堵上了农民上诉的“大门”。所以，农民在土地征用过程中上诉法院的情形基本属于小概率事件。农民的上诉往往并不具有实体意义，更多地是通过诉诸法院来壮大声势，引起社会关注。

（六）农民的暴力抗争：冲突的激化

当所有的和平手段都不能解决问题时，或者矛盾激化到不可调和程度的时候，冲突的激化结果是农民的暴力抗争。对于农民来说，这是最激烈的抗争形式，当然，付出的成本或代价也是最高昂的。

农民的暴力抗争往往发生在地方政府征地占用过程中，直接原因常常是地方政府的违规征用。地方政府为了尽快实现土地收入而急于占用土地，而农民往往会加以阻挠。当矛盾激化后，农民的群体性抗争一般通过聚集大量人群威胁征地执法人员。当然，地方政府的暴力也加剧了农民的暴力抗争，特别是地方政府经常动用警力甚至武警强行驱赶来直接抢占土地，对征地农民的代表实施抓捕，联合司法机构对肇事农民实行刑事处分。更令人发指的是地方政府的“黑社会化”，也就是雇佣地痞流氓充当打手对农民进行殴打迫害。如此看来，农民的暴力抗争相比地方政府的暴力使用实际上还是处于劣势。但暴力抗争依然发生，一个解释框架是：要么忍无可忍，因为地方政府“欺人太甚”；要么悲壮性的暴力抗争所取得的社会反响非常强烈，相比其他抗争形式更能获得社会的广泛同情，从而得到中央政府和上级政府的直接政治支持。

第四节　反增长联盟的抗争："阿凡达式"的个体悲剧

由于城市化进程的不断加快，特别是房地产市场的异军突起，地方政府和房地产利益集团组成的增长联盟不断推动着城市拆迁和改造的进程。在这个过程中，地方政府、房地产利益集团、拆迁户之间的矛盾冲突日益激化，"阿凡达式"的个体悲剧不断在中国上演。由于历史和文化因素的影响，中国人对于房屋的执着可以说是举世无双。从现实的角度来说，房屋是人们生活的家。因此，房屋问题很容易激化矛盾，成为社会不稳定的关键性因素。特别是地方增长联盟为了实现利益最大化，往往置法律规定和政策措施而不顾，城市房屋拆迁领域乱象丛生，导致城市拆迁由城建纠纷上升为政治问题。由于被拆迁户的利益严重受损，作为个体的反增长联盟，抗争表现得尤为悲壮。

一、弱者地位的强化：合法化的诉苦与协商

在强大的地方增长联盟面前，作为个体的拆迁户是十分弱小的，在力量如此悬殊的形势中，作为弱者，最强大的武器是强化弱者地位，通过博得同情的方式实现"弱者的抵抗"①。现实社会中，弱者很容易得到人们的同情，拆迁户充分地利用了这一点，通过强化自己的痛苦，渲染因为拆迁所付出的巨大代价来构建自身的合法性。因此，拆迁后的各种困难被无限地放大和强调。特别是当拆迁户所得补偿和预期期望差距很大的时候，拆迁户的相对剥夺感被强化了，出现了心理的严重不平衡，诉苦就成为他们的"口头禅"，此时，拆迁户在道义伦理方面取得了胜利，以至于增长联盟也觉得"不好意思"时，拆迁户们的目的就达到了。

当然，对于大部分拆迁户来说，由于弱者的地位使得他们小心谨慎，不愿意把问题闹大，协商和说好话成为理想的选择，这既不违反法律法规，成本也比较低，同时也符合大多数拆迁户"不惹事"的社会生存哲学，因此拆迁户往往通过与地方政府和房地产利益集团的平等协商，为自己争取更多的利益，尽量把损失降低到最小。

---

① James C. Scott. *Weapons of the Weak: Everyday Forms of Peasant Resistance* [M]. New Haven, CT: Yale University Press, 1985.

二、构建合法化：寻找拆迁的漏洞

由于地方增长联盟与拆迁户之间的力量不平衡，平等的博弈显然不适用，根据现有制度的安排，拆迁户开始通过寻找拆迁的漏洞来发现问题，用来说明拆迁并不合法，从而证明自身行为的合法性。对政策的解读往往是拆迁户的最好选择——通过解构政策，寻找有利于自己的政策依据加以利用。这主要源于地方政府拆迁必然依据一定的政策，这是房地产利益集团拆迁合法性的基础，但同时，拆迁户也可从中发现有利于自己的内容。不同的利益群体往往所站的角度不一样，分析政策的视角也截然不同，拆迁户正是利用了这一现象，从而以合法的形式迫使政府和房地产利益集团让步，或者使自己的利益最大化。

三、制造舆论效应：弱势群体的非均衡博弈

随着经济和社会的发展，中国已逐步进入信息化社会。在网络时代，公众对于一些事件往往非常敏感，媒体也利用了公众的这一心理，试图通过制造舆论效应增强其影响力。拆迁户也注意到了这一点，既然无法通过制度性的常规渠道去维护自身合法权益，在非对称的博弈冲突中，如何壮大自己的力量就非常关键了。制造舆论效应就成为拆迁户的最佳行动策略，通过"把事情闹大"给予地方政府强大的舆论压力。很显然，地方政府对于登报和上访非常忌惮，因为这会引起上级政府的关注，迫于维稳的压力，上级政府直至中央很可能选择尽快介入，地方政府往往成为舆论的焦点和"批斗"的对象。城市中的拆迁户往往是个体"作战"，很难形成集体的力量，单靠自身显然无法制造"闹大"效应，只有借助新闻媒体来扩大事态，从而给地方增长联盟施加强大的社会压力，迫使地方政府解决问题。

弱势群体制造舆论效应来寻求社会的帮助，谭深曾经精辟地分析道，"事件中的每一步都激活了一些社会因素，这些社会因素又激活另一些社会因素，比如律师的介入带动了个别媒体；媒体的介入又带动更多的媒体，还引起政府的关注。"① 拆迁户斗争的个案越来越多，反映了公众权利意识的增强，他们积极通过各种资源来维护自身合法权益，凭借社会舆论的压力来获得社会影响力，在传播媒介的影响下，借助舆论效应的强大力量增加成功的机会，给了地方增长联盟强大的压力。

---

① 谭深．弱者的反抗——围绕一次搜身事件中女工集体行动的分析［C］．香港中文大学"市场经济条件下的工会和工运"研讨会论文，2003.

四、进入司法程序：难以奏效的抗争方式

除了通过拖延、胡搅蛮缠、聚众闹事等“弱者的武器”来进行抗争之外，当直接冲突的后果依然是面临拆迁时，拆迁户也会选择诉诸法律，通过提起诉讼的方式将地方政府和房地产利益集团告上法庭，认真分析城市房屋拆迁管理条例以及配套的政策措施，寻找地方政府和利益集团的违法行为，寻求法律的保护。

当然，选择走法律途径是被迫的行为选择。现阶段，寻求司法保护的代价非常之高，而且由于现行体制的约束，法院往往很难摆脱地方政府的束缚而独立断案。加上地方增长联盟拥有足够的时间、可利用的政策资源、专业法律人才以及庞大的资金，作为个体的拆迁户很难与之对簿公堂。退一步讲，即使诉讼成功，但能否执行也要打上问号。

第五节 反增长联盟的集体行动逻辑

一、从日常对抗走向集体行动

马克思指出，“人们奋斗所争取的一切，都同他们的利益相关”。① 作为一种原初的维权方式，日常对抗主要源于维权者的平常生活。就反增长联盟的个体而言，相对于强大的地方增长联盟，他们地位低下，处于弱势群体，各种资源的利用相对短缺，但是为了争取自身利益的最大化，他们也会运用各种方式同地方增长联盟进行抗争。根据斯科特的分析，反增长联盟在遭遇不公的时候会使用“弱者的武器”②，他们有自己独特的资源可以利用。抗争的最初方式实际上是一种日常对抗，这种对抗没有组织者、没有目的、没有正式宣言。在反增长联盟个体利益受损的时候，他们也会考虑和搜索有无资源可以利用，这种考虑介于观察和本能计算之间。对于他们而言，最好的选择是折中的方式，既不配合，也不选择暴力冲突，通过强调“弱”来进行日常对抗。

但是需要指出的是，并不是所有情况下，反增长联盟都只能进行日常的对抗，当其利益严重受损以至于无法生存的时候，如果有合适的机会，成本较高、对社会破坏性强的集体行动也是其理性的选择，此种情形下，抗争就由原子化的

---

① 中共中央马克思恩格斯列宁斯大林著作编译局．马克思恩格斯全集（第一卷）［M］．北京：人民出版社，1956：82.

② James C. Scott. *Weapons of the Weak: Everyday Forms of Peasant Resistance* [M]. New Haven, CT: Yale University Press, 1985.

个体转向有组织规模的集体行动。

当然，对于反增长联盟的个体而言，集体行为的发生并不能一蹴而就，从个体的日常抗争到理性的集体行动要经过一个比较长的过程，经过动员和发展，日常对抗的维权行为成为火药桶和触发器，在此基础上，如果有其他要素的配合和"发酵"，集体行动发生的几率会越来越大。

集体行动的产生，需要三种要素的相互作用，才能最终形成。

其一是怨恨的积累。由于反增长联盟的利益日益受损，随着日常对抗的日积月累，怨恨不管在横向上还是纵向上都越积越深。在纵向方面，由于利益逐渐被剥夺而且短期内看不到解决的希望，那么最初的不满情绪可能会不断积累，由不满导致愤怒再到怨恨，对于地方增长联盟的情绪在不断递增。从横向方面来说，社会现有的传播机制强化了沟通网络，反增长联盟的个体在利益受损这一共同点上如果找到了"知音"，在相互倾诉、共同抱怨的基础上，分散的怨恨被不断地累积，而且彼此的交流往往使累积过程呈指数级增长。如果这时有积极分子或骨干"振臂一挥"，就能实现有效的动员，并调集全部资源加以利用，同时分散的个体因此而有了内部协调机制，因共同的利益而聚合成组织，有了维护权益的载体。在日常抗争走向集体行动的过程中，除了"草根动员者"之外，还有其他一些特殊行动者充当了领导和协调的功能，比如积极的上访者、聘请的律师以及公共知识分子等。

其二是可以利用的资源大大增加。随着人们生活条件的改善，有了一定积蓄和闲暇的时间，当不再为生存发愁时，他们有大量的剩余时间和精力去进行集体抗争。除了资金和时间充足之外，还有很多重要的资源可供利用，例如有关拆迁的政策知识、共同利益的认同以及累积的怨恨等。当然，反增长联盟也可以利用其作为"弱者"的武器，尽可能通过示弱获得舆论的广泛同情和社会的帮助。

其三是政治机会的增加。学者刘能曾经分析道，解释集体行动的非常有力的变量是政治机会结构，因为它从外部政治环境方面分析了促进或阻碍集体行为动员的要素。政治机会结构模型认为，集体行动最后能否成功，怨恨的积累以及资源的多寡并不是最关键的，最重要的是能否寻找到政治机会。① 在中国，随着现代化进程的加快，民众的权利意识不断地被唤醒，中央政府和上级政府对外界环境的评价非常敏感，封闭性的体制正逐步走向开放，处于社会转型期的中国，政治机会结构往往很容易出现，为反增长联盟的集体行动提供了广阔的社会舞台空间。

① 刘能．怨恨解释、动员结构和理性选择——有关中国都市地区集体行动发生可能性的分析［J］．开放时代，2004（4）．

地方增长联盟对反增长联盟的利益侵蚀和打压越来越明显，利益冲突越来越激化，加上生活方式的巨变以及缺乏制度性的利益表达和协调机制，这些复杂的因素综合作用使得反增长联盟在寻求合法化和制度化的利益诉求表达无果后，只得选择通过集体行动的体制外维权方式来进行。

二、反增长联盟的集体行动困境

对于集体行动的逻辑，奥尔森进行了深入的研究，在一个由众多利益相同者组成的大集团中，即使所有的人都是理性和寻求自我利益的，并且他们如果采取行动后也能从集团的共同利益中获取好处，但他们仍然不会通过自愿采取行动来促进集团的整体利益，其原因在于普遍存在的“搭便车”现象。除非集团中的人数极少，“搭便车”会受到集体的谴责，或者集团提供了相应的激励机制或强制性措施使得单个成员采取行动后从集体中所获得的收益超过他独自采取行动所付出的代价时，个人才会为集团整体利益而采取行动。① 集体行动的困境理论为分析反增长联盟抗争提供了强大的分析工具，我们也可以从中推导出农民利益受损以及抗争失败的根源。

（一）集体利益难统一

奥尔森认为，实现了集团的共同利益就等于为集团所有成员提供了公共产品，任何成员都不能被排除在对集体利益的收益之外，由于理性的集团成员将尽可能地避免承担集体行动的成本，而试图分享由他人提供的集体收益，在每个集团成员都想成为搭便车者的情况下，集体行动的困境就会出现。

当利益受损的时候，反增长联盟一般会选择以集体的名义表现出来。集体行动在抗争过程中因受到个人理性的选择会出现“搭便车”的现象。由于集体的行动并不能满足所有人的利益需求，部分农民在参加集体抗争后会一无所获，形成内部的利益冲突。由于地方增长联盟的形成，农民所遭受影响的程度各有不同。例如采矿业所造成粉尘污染的程度会随着家庭靠近厂区距离远近有所差别。但是在集体抗争行为中，农民所承担的责任、风险是相同的。因此，集体中的利益差别和利益冲突会影响抗争行为的最终结果。

此外，部分农民的抗争意识比较淡薄，一些不愿意抗争的和一些地方增长联盟的利益实现对自身伤害不大的农民不会选择抗争，这就与集体行动产生了分歧，农民内部的利益冲突使抗争行为陷入了困境。

---

① ［美］曼瑟尔·奥尔森. 集体行动的逻辑［M］. 上海：格致出版社、上海三联书店、上海人民出版社，2010：24.

（二）低效率的集体行动策略

在集体行动中，单个个体的影响实际上可以忽略不计，而且，因为存在广泛的“搭便车”行为，由于集体收益的非排他性，个体即使没有付出努力，但作为集体成员，同样可以分享收益。个人理性与集体理性冲突时，易造成低效率的集体行动策略。

在农民抗争的前期和中期，受害者在商议行动时因过激的情绪和不同文化水平差异下也会导致低效率的行动策略。这种策略往往产生低级的错误和盲目的行为，最终使农民由“有理方”转变成“无理方”。目前农民抗争成功的案例比较少见，虽然表面事件得到平息，但是内部矛盾依然尖锐。矛盾一般是因为没有得到理想的补偿和政府处理过程中的欺压行为造成，农民在抗争过程中对自身缺乏信心也会使其行为变得犹豫不决。

（三）弱势力对抗强势力

农民几乎是社会最底层的群体，而他们的反抗对象却是高度统一的组织体，是社会地位远远高于自己的政府与利益集团的联盟，它们有着强大的权力和雄厚的资本存在。农民和地方增长联盟之间的抗争其实就是以卵击石，以弱势力对抗强势力。

在强大的压力面前，农民甚至面对媒体的采访都不敢说真话，对于地方增长联盟给自身利益带来的损失，往往只能“听天由命”。政府的不合理的处理方式，使处于受害方的农民有苦说不出。

第七章　地方政府公司化中的增长联盟拆分路径

第一节　政治体制改革的稳妥推进与基层民主的健全

一、积极稳妥地推进政治体制改革

在地方政府公司化愈演愈烈，已经成为地方政府的一种普遍倾向的前提下，传统的一些措施可以说已无济于事。社会期望改变GDP崇拜来引导地方政府走出公司化，但近几年的诸如“绿色GDP”等新的理念并没有使地方政府有所改变。如果寄希望于中央政府上收权力，结果可能又陷入“一放就乱、一收就死”的恶性循环，苦口婆心的宣传教育和学习难免被形式化，中央的三令五申在实践中也变了样。如果寄希望于公众的监督，由于缺少制度保障和具体的操作方法，很多民众最后被迫走向体制外的监督，导致上访不断。而被寄予厚望的非政府组织，在中国的发展也被行政化了，成为地方政府公司化的利益主体之一，特别是最近暴露出一系列问题，也让公众丧失了信心。指望地方政府因良心发现而终结公司化的进程，无异于痴人说梦。学术界一直在提的“转变政府职能”，到目前看来丝毫没有进展，反倒是成为地方政府的口头禅。

要想走出地方政府公司化的困境，实现地方政府公司化向公共化的转变，单纯的技术层面的革新是远远不够的，必须从根本的制度层面出发思考，着眼于全局，从深层次去解决问题。最主要的政治体制改革应积极稳妥地推进，而政治体制改革的核心问题则是干部人事制度改革问题。

地方政府公司化的治理，虽然需要中央和上级政府的干预和动力，但最根本的措施应该来自民众，也就是动员公众的参与。而有序的公众参与则需要民主制度的规范和保障。民主的要义和基本精神在于民众能够控制当政者的命运和前途，只有民众能够以选举、弹劾、质询等手段约束地方政府官员，使公众的监督权、表达权、参与权真正能落到实处，让干部的任免掌握在公众手中，这样地方政府才会有所忌惮。

地方政府公司化的过程中，地方政府及一些官员为了维护自身利益最大化，以牺牲公众利益为代价，对于民众的反对丝毫不在意。原因在于目前地方政府官员的升迁和前途完全掌握在上级政府的手中，由于信息的不对称，地方政府官员不断炮制政绩工程和形象工程愚弄上级，在上级政府面前奴颜婢膝，在公众面前则傲慢无礼。如果地方政府官员政绩评价由当地民众来评价，事情就会出现明显的变化。

要积极稳妥推进政治体制改革进程，必须要进行高层次的改革，依靠社会和民众的力量去进行。因为在地方政府公司化的过程中，一些地方政府和利益集团紧密结合在一起，强烈反对各种改革。因此，只有形成合力，才能破解改革中的各种难题和障碍。

（一）中央政府的高度权威性：政治体制改革的首要前提

要想进行深入彻底的政治体制改革，保证中央政府的高度权威性是改革的关键和前提，这是由历史发展规律和现实情况告诉我们的必然选择。

从历史发展规律来看，回顾中华民族上下几千年的文明史，我们不难发现，政治清明、社会稳定和经济发展基本上出现在中央高度集权的时期。反之，如果中央丧失权威，社会的整体衰落就开始了。原因在于，由于中国幅员辽阔、人口众多、规模超大，社会的有效治理和秩序发展非常困难，必须要有统一的管理能够统筹全局，推进社会的整体前行，否则，如果中央政府实力削减，必然造成地方割据、各自为政的局面，甚至有分裂的危险。

新中国成立之后，中国共产党领导下的政府强大而有力，由于具备了高度的权威、强大的号召力和超强的整合力，实现了经济和社会的迅猛恢复和全面发展。尽管“文革”出现了大踏步的历史退步，但整个社会并没有解体，根源也在于有效维护了中央权威。改革开放后取得的经济和社会发展奇迹也证明了中央坚强领导和统一指挥是非常关键的，邓小平曾多次指出，“中央要有权威。改革要成功，就必须有领导有秩序地进行”。①

从现实情况来看，强化中央政府的权威依然是非常关键的政治问题，表现在几个方面：其一，中国改革的过程漫长而又曲折，改革引起的社会变化非常复杂，在这个庞大的国度里，必须有统一的指挥中心，保证改革的秩序。其二，改革是利益关系的重新调整，往往涉及的利益主体非常多，但是改革又必须形成合力才能完成，只有中央政府才能协调各方面利益。其三，在改革的进程中，新旧

① 邓小平．邓小平文选（第3卷）［M］．北京：人民出版社，1993：277.

体制和机制的转换必然造成制度和规范的“真空”，必须要有中央政府的及时修补和完善。其四，风险社会背景下，整个社会的不可治理性大大增加，各种突发事件频发，中国国内和国际局势复杂多变，不可控、不确定的风险大大增加，对改革的持续以及社会的整体发展构成了严重的威胁。单靠地方和部门难以面对这些公共危机，需要中央政府统筹全局、整合力量、筹集资源才能协调处置。

（二）正确的决断力和强大的执行力：政治体制改革的根本保障

从中国发展的实际情况来看，高层决策非常关键，中国政治的“一个特征就是政党领袖的决策对政治发展比其他国家有更直接、更重大、更显而易见的影响”①，新中国成立以来的历史充分地证明了这一点：高层决策的正确与否关乎社会的兴衰成败。

正确决断力的前提是保证集体领导和集体决策，改革开放以来逐步形成了制度化的任期制度和集体接班制度，从某种程度上解决个人专断现象。除此之外，要想保证决策的正确度，决策的科学化和民主化必不可少。由于高层人数较少，精力、智力和经验毕竟有限，这就必须集思广益，一方面要求突破政治结构的束缚，将专家学者纳入决策范围之内，保证决策的科学性。另一方面，改革必然涉及各方利益的重大调整，如果决策没有充分照顾各方利益，必然难以推行，因而决策征求意见的对象和范围必须要逐步扩大，尽量将与决策利益密切相关的群体纳入咨询的范围，既要在党内和官员中扩大，也要扩展到社会领域，保证政策公共色彩和民主底蕴的增加，充分发挥集体智慧的力量。

正确的决策制定后，如何执行就成为了关键。近几年来，中央权威受到了地方增长联盟的隐形反抗，“上有政策，下有对策”的现象十分突出，导致中央的一些政策无法得到贯彻实施，执行力大大降低，严重损害了全国的整体利益。如此现象值得我们深思，也说明传统的政党官僚制的运行已经出现了严重问题，政治体制和权力结构亟待改革，重新调整中央和地方关系，加强监督，强化执行力已经刻不容缓。

（三）克服执政党的官僚行政化：政治体制改革的规避对象

现在的中国共产党已经完成了从革命党向执政党的转变，成为中国特色社会主义建设事业的核心，政府机关、军队、人大、政协、群众组织、事业单位的领导者及重要成员绝大部分是中共党员，政治体制的党政合一正逐步强化。由此出现了一个庞大的以党员作为主体的干部阶层，由于他们的管理行为也适用于“经济人”假设，难免会追求自身利益最大化，由此所产生的特权现象带来的是党的

① 邹谠．中国政治学的发展与西方社会科学［J］．国外政治学，1986（2）．

官僚化色彩越来越浓厚，崇高理想和坚定信仰被追求世俗的权力和利益所取代，导致党的独立性和先进性被极大地削弱。特别是改革开放以后，党政管理者阶层的规模逐渐扩大，成为改革开放的既得利益者，因利益冲突导致管理阶层与被管理阶层的矛盾日益激化，很多复杂尖锐的社会矛盾之所以频发，根源就在于此。特别是行政特权集团为了维持既得利益存在，会极力阻止改革的深入，造成惠及多数民众的改革难以进行。因此，必须正视和面对这样严峻的事实，以极大的勇气和政治智慧，通过释放民众的强大力量，去破除改革阻力。

（四）实现最广大人民群众利益：政治体制改革的价值取向

在中国现有的政治体制下，由于不存在议会的政治斗争和公开的党派竞争，社会各阶层的利益诉求无法通过竞选或议会斗争表达出来。党掌握着公共政策的全部过程，代表着社会各阶层和各领域的利益。如何平衡各方利益诉求，制定和执行符合最广大人民群众利益的政策非常困难。要做到这一点，人事制度改革，也就是干部的选拔任用机制创新非常关键，只有这样才能保证民众的利益能够在对政策制定者的选拔任用上体现出来，正如施米特所言："只有来自人民意志的政治权力，才能够首先形成人民的意志。"① 这就要求我们能够大胆探索，勇于创新，在干部任用选拔方面解放思想，根据中国国情，进行民主改革。

同时，要想代表最广大人民利益，政策的制定过程应该更加的透明化和民主化，扩大公众的实质参与，通过向更广泛的利益群体进行公开的咨询，从民间力量中获取政策科学化民主化的真谛。要鼓励民众对公共政策进行自由讨论和批评，充分吸取民众的智慧。只有通过扩大民众有序的制度性参与，才能释放民间力量，有利于政治结构的稳定和公众利益的充分表达。

（五）坚持解放思想勇于创新：政治体制改革的理论武器

只有强大的理论武装，才能指导实践，才能通过实践转化为强大的现实生产力。回顾中国革命和建设的近代历史，我们不难看出，理论的指导事关全局，关系到党和国家的兴衰成败。正如邹谠所分析的，"1949 年以前毛泽东的一系列思想和重大决策之所以正确的一个重要原因是存在着国民党的权力和力量的抗衡，迫使毛泽东和党不断地修改和纠正自己在不同历史时期过于'左'倾和激进的错误"。② 改革开放之所以取得巨大成功，原因在于思想逐步解放，激发了活力。

需要注意的是，由于长期执政，党面临着思想僵化的危险，特别是当今世界正处于信息化爆炸的年代，多元化思潮席卷整个世界，如果不与时俱进，进行思想更新进步，很容易在这个高速发展的时代落伍，外来思潮会逐步取代人们的思

① ［美］施米特．政治的浪漫派［M］．上海：上海人民出版社，2004：181.

② ［美］邹谠．中国革命再阐释［M］．牛津：牛津大学出版社，2002：145.

想观念，造成认识的偏差。因此，必须不断加强学习型政党的建设，与时俱进，根据社会发展情况和对未来的判断纠正思想偏差，实现认识的不断飞跃。

（六）防范特殊利益集团的壮大：政治体制改革的着力点

政治制度在经过长期的运转后，很容易走向僵化和保守，多党制下，可以通过政党轮流执政和政治竞争来消减这一困境。但一党执政就缺乏这样的活力和机制，只能借助于自身的制度创新来形成权力的制衡，主动纠正存在的失误，以张扬制度的活力。由于缺乏权力的制约所形成的一元化体制容易滋生特殊利益集团，如果缺乏对政治和行政权力的有效限制和制约，就会在长期执政的过程中形成特殊利益集团，他们会利用权力和资本攫取国民收入的更大份额，阻碍惠及于民众的改革，降低社会发展的活力，造成“制度僵化症”①，科兹曾指出，特殊利益集团的崛起是前苏联失败的根本原因。② 因此，必须在权力的监督和制约上大胆进行思想理论上的探索和实践中的制度创新，打破制度的僵化和特殊利益集团对改革的阻挠。

二、健全基层民主制度

民主究其本质而言，乃是民众能够积极自由地选择参与国家和社会公众事务的管理。如果没有持续而广泛的民众参与，民主之花就会凋敝，由此所产生的恶果必然是少数利益集团侵占整个社会的利益。如果有健全的基层民主制度，那么民众就可以通过民主的力量和地方增长联盟对抗，迫使地方政府回归公共性的本来面目。健全基层民主，可以从以下几个方面实现拓展。

（一）基层民主范围的延伸：从社区自治走向基层政府选举

长期以来，我们所理解的基层民主往往和村委会选举、社区自治、职代会联系在一起。当然，由于社会主义民主政治建设是一个长远的过程，特别是由于缺乏民主教育和思维，最早是从基层开始让民众接受民主熏陶的，基层民主这些年来确实也取得了巨大的进步。但是，仅仅停留于社区自治，把范围集中于村委会、居委会以及事业单位，对民主而言并无实质意义，因为相对于民众而言，社区的权力、强制性等并不占据多大优势。但是，相对于基层政府，民众处于弱势地位，无法平衡彼此关系。民主的要义在于约束政府，保护公民权利。因此，应该把这些年来积累的社区自治经验和做法向基层政府推广，可以放开一些基层政权由民众选举产生，这样才能保证基层政权能够代表当地选民

① ［美］奥尔森．国家的兴衰［M］．上海：上海人民出版社，2007：25.

② ［美］科兹．来自上层的革命——苏联体制的终结［M］．北京：中国人民大学出版社，2002：167.

的利益和意志。

（二）基层民主过程的拓展：从选举民主走向协商民主

对于民主而言，其核心的制度安排是选举。不管是西方代议制民主还是中国的人民代表大会制度，都非常重视选举制度的发展及完善。但现代政治学的分析表明，选举只是民主过程中的一个环节，如果把选举当做民主的全部内容，就错误地理解了民主的要义。如果仅仅只是选举，那么除了选举过程，民众在选举前后实际上丧失了主人翁的地位。不管选举规则如何完善，都会出现程序决定结果或者决策被少数利益集团所利用等非民主行为。特别是当今普遍流行的少数服从多数制度，很容易出现“多数人的暴政”，而少数人对最后的结果并无影响，长期下去，选民就会对选举失去信心，其结果是利益集团通过良好的组织性把集团的利益上升为政府的决策，特别是当真理掌握在少数人手中的时候，这种游戏规则的局限性和不足表现得更加明显。况且，选举必然出现冲突和争议，对于问题的解决并无实质意义。

为了完善民主治理，西方兴起了一种弥补选举方式弊端的新的民主形式，也就是协商民主，其特征表现为通过公众的理性参与和协调来寻求广泛的共识。相比选举而言，协商民主强调民众的实质参与，特别是通过平等协商和自由对话，来协调利益关系、缓解社会矛盾。在协商民主的过程中，民众的能量被释放出来，通过理性的方式得以表达。事实上，对于中国而言，协商民主并不陌生，政治协商会议制度就是比较典型的表现形式，一些地方在发展基层民主实践中，也总结出了适合中国国情的模式，最具代表性的是浙江温岭的民主恳谈。现在需要做的是在实践中扩大充实协商民主的各种形式，把选举制度和协商民主结合起来，扩大公民的有序政治参与。通过政府与民众责任的共负，把民众的智慧纳入到治理过程中，既扩大了公民的政治参与，同时也增强了政府的合法性。

（三）基层民主的体制深化：从人民民主走向党内民主

作为执政党和社会主义建设的领导核心，中国共产党的民主建设对于全社会民主政治的进程影响深远，对人民民主具有引导作用，同时党内民主也是人民民主中非常重要的一环。在目前基层政府民主还没有出现有效突破的时候，可以把党内基层民主作为突破口和着力点。在党的基层发展民主有许多优势条件，由于党员人数相对较少，都有一定的政治素养，很容易接受民主的洗礼和熏陶。可以选择一些地方进行试点改革，以积累经验，汲取教训，把改革的风险降到最低。在此基础上应不断深化拓展，在党内，向更高次扩展；在党外，由党内民主带动人民民主。只有通过这样的改革路径，民主进程才能顺利推进。

（四）基层民主的外延扩张：从社会民主走向政治民主

在美国政治学家萨托利看来，所谓的工业民主、经济民主和社会民主虽然被认为是民主的组成部分，但实质意思上的民主应该是政治意义上的民主。① 根据萨托利的表述，我们可以很明显地看到，我国的基层民主主要还是通过社会民主的形式表达出来的，作为国家层面的民主也就是政治民主还没有实现。对于社会发展来说，民主的趋势是社会发展的必然，因此，应将社会民主的成功经验推广到政治民主中去，推动整个民主政治的进程。

第二节　中央和地方财权事权的改革与重构

现代国家公共财政体制所要解决的关键问题是合理划分政府间的财权和事权，不管是财政理论分析还是基于实践的考察，合理划分各级政府的财权和事权，实现政府间财权和事权的均衡对称是基本衡量标准。中央和地方财权事权的改革重构要求中央政府和地方政府的财权划分应该建立在合理划分事权的基础上，中央和地方在承担事权方面必须以充足的财权作为基础和保障。当然，财权与事权的均衡对称并不是说财权和事权一定要完全对等，而是要求事权的承担需要有财权的切实保障。在市场经济的完善过程中，中央政府承担了更多的职能和责任，因而在中央和地方的财权与事权的分配格局上，中央政府的财权应该略超事权，同理，在各级地方政府之间的调整上，上一级政府的财权也应该略超事权。合理划分中国政府间的财权与事权，我们可以从以下几个方面着手。

一、界定市场与政府边界，明确中央与地方政府职权划分

中央将事权逐级下放，导致地方政府压力过大也是地方政府公司化的一种倒逼机制，中央和地方的事权分配不合理，导致地方事务过多。中央政府应更多地承担社会保障、教育科研、计划生育等事权，义务教育、卫生防疫等基本公共产品也不能一味转嫁给地方，中央政府和省级政府应当承担应有责任。

同时，根据国际经验，政府间事权的分配应该由法律明文规定，很多国家在宪法里面详细规定了中央和地方各自承担的职责。我国的中央和地方的事权划分基本上掌握在中央政府的手中，以条例、决定等形式通过中央政府的行政命令来执行，地方政府虽有看法，但毫无讨价还价的余地。从法律角度来明文

① ［美］乔万尼·萨托利．民主新论［M］．上海：上海人民出版社，2009：42.

规定政府间事权的划分在现实中难以有效实行，因为政府事权涉及的内容非常复杂，社会发展变化使得各级政府间事权的合理划分不能固定，要留有余地地保持动态平衡。但是，我们可以通过法律法规对判断事权归属、理顺政府职能的原则和依据进行明文的规定。因此，应通过宪法和各种法律来合理调整各级政府事权划分，使之固化，如在执行过程中出现变动，也应该由法律来明确规定。各级政府的事权同时也需要同级的人大及其常委会的授权，以符合行政权力来源于民众的逻辑。

二、完善中央政府和地方政府的财权划分，实现财权与事权统一

在分税制改革体制后，中央政府集中了大部分财政收入，保持了财权的高度集中，地方政府的财力大小受制于中央财政，缺少一定的自主权，比较僵化，地方政府为了能够获得与事权相匹配的财力，必然通过各种渠道去实现。① 在税制改革方面，应明确划分各种税种，特别是地方税目前名目繁多，要明确地方税的种类和主体。对于各地差距非常明显的现状，统一的财政分配体制并不符合地方发展实际。事实上，为了解决一些地方的财政缺口，应该在税收体制上允许地方改革税收结构，赋予其相应的税收立法自主权。特别是在省一级层面，可以作为税制改革的突破口。由于中国区域发展的非均衡性，各省经济和社会发展差异非常大，可以赋予省级人大及其常委会一定的税收权力，在不违反全国统一税制的前提下，使省级政府能够根据本身实际情况调整税收政策。这样既能结合本省实际情况，又能通过政治体制改革，由当地民众决定税率结构和税收负担，迫使地方政府决策依赖于民众的意志。

三、建立和完善规范化的财政转移支付制度

转移支付对于平衡中央政府与地方政府之间的财政收入差异以及地方政府之间的差距具有重大的意义，特别是在中国各地区差异非常明显的前提下，作

① 卢洪友、袁光平、陈思霞、卢盛峰等人通过地市的经验证据，分析了土地财政的根源，在分税制改革中，中央政府“上收税权，下放责任”的财税体制安排造成了地方财力困难，而地方政府在依靠规范的共享税分成和少数自主决定的地方税种收入远不能有效满足地方公共服务的供给成本的情况下，产生了转向使用非规范税收收入支持地方经济建设、发展社会事务、弥补公共品生产成本的制度激励。此外，分税制改革只是规范了预算内财政资金的管理，对预算外资金收入的运作模式并没有进行有效规范，这也是造成地方政府利用土地资源提高财政收入的制度原因。面对地方公共部门运行的财力缺口，加大对土地资源的税费攫取成为了地方政府弥补财力缺口的最佳方式。

用更加突出。完善规范的转移支出制度应该根据事权的调整和具体情况来灵活运用，规范化的转移支付制度要有能力反映各地财政能力和支出需要的一些客观性数据，也能作为分配转移支付额的依据，包括人口数量、人口密度、人均GDP、城市化指标等，还要考虑边疆、民族、特区等特殊性因素。然后，根据客观因素和指标，按照一定的公式求出该地标准财政收入和支出，测算各地财政收支差额。中央政府在对各地进行综合平衡后，就可设计出合理的转移支付数额。

四、保持国家治理结构与财政制度的协调

在中央与地方关系上，我国实行的是中央高度集权体制，管理结构上属于明显的单一制。但是在财税体制方面，我们实行的是分税制，反映了单一制与分税制的冲突与矛盾。按照理论的分析和国际经验，国家管理结构与财政体制要保持一致性，这就要求我们按照中央集权的管理体制对财税体制进行适度改革，特别是强化中央政府对地方政府财政的控制力度，建立以中央财政为主、分级管理为辅的财税体制。在此基础上，通过预算决算制度、财政政策、货币政策以及转移支付政策调整中央政府与地方政府的财政关系。当然，统一的财政体制并非权力的高度集中，也要保持在一定的适度范围内，这点可以借鉴国际上的现有经验，根据中央与地方实际进行调整。

五、政府管理级次和财政管理级次的适度简化

我国的政府管理层级罕见地分为五级：中央、省、市、县、镇，由于层级太多，导致诸多问题，例如信息传递失真、管理难度加大、职能交叉重复、机构臃肿、人浮于事，在财权和事权的划分方面矛盾冲突严重。根据管理层次与管理幅度的反比例关系，按照国际上通行的做法，我们可以简化政府管理层级，增加省一级政府数量，同时缩小省级管理范围。可以撤销市管县这一层级，在此基础上精简机构及人员，同时实现各级政府财权事权的明确和简化。这样既可以改变各级政府财权税权十分复杂的现状，同时为地方政府间分税制的实行提供了参考和可能，因为简化政府管理层级可以简化税种、税率以及税收分成比例的改革。同时，从乡镇政府的发展情况来分析，目前乡镇一级财政收入基本上早已名存实亡，变成“吃饭财政”和“人头财政”，没有可供支配的财源。可以在此基础上实现财政“县管乡用”的改革，以加强基层工作力量。

第三节　财政预算的民主与公共财政的建立

一、财政预算的民主

公共预算表面上虽然反映财政资源的分配和统计数字的测算，但就其实质而言却是一个政治过程，正如爱伦·鲁宾所总结的："公共预算不仅仅是技术性的，它在本质上是政治性的。"① 预算过程实际上反映了权力和资源的分配，从某种程度上来说表明了民众对政府控制的本质。如果公共预算由政府编制，政府执行，那么由政府掌控的预算就会不自觉地把追求 GDP 和投资作为首要目标，其结果必然是社会管理和民生方面的投入相应就会压缩减少。民主预算要求财政分配必须建立在公众决定的基础上，钱如何花、花多少应该由公众来决定，而不是政府做主，地方政府的"钱袋子"应该控制在公众的手中，通过科学、民主、透明和公开的方式管理地方财政收支状况，公众及其代表应该能够全方位掌控财政情况。作为社会监督主体的大众传媒，能够对预算资金的分配和使用进行经常性的监督。对于政府来说，接受公众对于预算的控制是本身的职责，应该经常向社会和公众公布预算的使用情况。对于政府预算实行问责机制和考核机制，如果出现问题，政府要承担相应的政治、行政和刑事责任。只有形成这样的倒逼机制，才能迫使政府认真花好公民的每一分钱。

实质上，预算过程中所做出的利益分配反映了政治权力的角逐和实力的博弈。"表面看上去，预算系统是一门技术，就其实质而言，预算却表现为政治过程，是政治权力和技术应用的组合，在组合里面，政治处于关键地位，技术应用只是处于最底层。"② 这样看来，在政治的运作过程中，预算过程是核心和关键，也是权力运行和力量博弈的中心点。所以，"公共预算不仅仅是分配公共资源这样简单的事情，同时还是打造国家制度、公共生活、社会与国家关系的社会和文化建设"。③

传统社会的自然意义明显，社会政治经济结构非常简单，政府的职能范围相

① ［美］爱伦·鲁宾．公共预算中的政治：收入与支出，借贷与平衡［M］．北京：中国人民大学出版社，2001：25.

② ［美］罗伯特．公共预算系统［M］．北京：清华大学出版社，2002：12.

③ ［美］乔纳森·卡恩．预算民主——美国的国家建设和公民权（1890—1928）［M］．上海：格致出版社，上海人民出版社，2008：2.

对狭窄，停留在“守夜人”的角色，政治仅仅是少数政治精英的游戏。进入现代社会之后，社会日趋复杂，政府的触角延伸到社会的各个角落，成为社会发展的主导力量。问题是政府及其官员在现实中也遵循“经济人”的假设，其行政行为是为了追求特殊利益的最大化。这种行为冲动必然导致政府预算的增加、公共支出的膨胀和公共产品的供给过剩，浪费了大量宝贵资源。尼斯坎南曾精辟地分析道，“例如职务津贴、工资收入、社会声望、行政权力、奖金福利、官僚体系的产出、改革的难易程度、管理官僚集团的难易度这些变量与官僚集团预算规模最大化的关系是正相关函数，或者保持着密切联系”。① 在此基础上，根据中国的现实国情，财政预算的民主应该强化人大和社会的力量。

（一）人大主导：预算模式的权力机关控制

从理论的角度来看，预算的资金来自于民众，那么民众应有权通过代议机关来掌控预算的编制与执行。因此，各国法律都明确规定政府的预算必须经过代议机关的审查和批准才能执行，其作用表现在两个方面：其一是代议机关代表民意对政府进行监督审查，保证政府权力使用的合法性和合理性。其二是通过对公共支出的审查，控制资金的使用方向和范围，防止政府滥用权力，从物质方面阻截政府浪费资源，从而在“钱袋子”方面约束政府的行为。

但在中国，预算的全部行为基本上掌握在政府的手中，从预算的编制到预算的执行，实际的控制权在政府。这种政府主导型的预算模式使得人大的预算权力处于“悬浮”状态，人大的最后决定实际上只是一种形式上的审查，缺乏实质性意义。因此，应转变预算模式，变政府主导型预案为人大主导型，真正保证人大预算权力的实现。在实际运行过程中，人大的预算权力表现为两个角度：其一是运用刚性的法律权力严格限制政府的预算开支，制定预算法律法规，从头到尾控制政府预算资金的使用。其二是通过审查、批准主导参与预算资金的全过程和多环节，包含了从预算决策的事前监控到预算执行的调整批准，再到决算的事后监督。

（二）公民参与：预算制度的社会参与

现代社会公民权利意识的觉醒使得政府面对的不再是一个个孤立的个体成员，而是转变成政府、社会、民众三者互动的三角关系，这种演变过程的结果就是民众在某种程度上对政府的约束越来越强大。这种演变表现在预算领域，意味

① ［美］威廉姆·A. 尼斯坎南．官僚制与公共经济学［M］．北京：中国青年出版社，2004：37.

着参与式的预算模式，也就是通过政府与社会及民众之间的平等对话和公平协商，政府的预算向社会公开，通过增加透明度以获取社会和民众的参与和支持，从而使预算最能反映社会大众的整体偏好。参与式预算模式要求政府开放预算制定的过程与细节，要求民众能够充分地理解信息，通过一定的民主协商程序，把民众的偏好合理充分地反映在预算之中。

实现参与式预算，最核心的地方在于预算过程的透明度，这从内容、过程、文本形式等方面对政府预算提出了更高的要求：在内容上，包括政府及其部门的职能、政府及其组织机构、公共收入与公共支出信息、政府预算目标及编制依据；在过程上，包括预算编制依据制定到决算公布的整个环节；在文本形式上，预算信息应尽可能充分而又短小精悍，语言清晰易懂，再通过各种载体告知于民众。只有这样才能改变预算的暗箱操作，保障民众的知情权，才能更好地监督政府。

在社会主义市场经济条件下，公平正义的实现需要政府强制性干预利益分配和调整，而这种分配必须满足美国思想家罗尔斯所要求的“正义是人们各得其所应得”①，政府和社会应该合理平等地对待社会的每一个成员。在这方面，预算民主发挥了重要作用，能够保证政府强制性分配干预过程中公平正义价值的实现和满足。

二、公共财政：转型时期财政运行模式的合理选择

传统计划经济时代的政府无所不包，无所不能，其活动范围覆盖了社会的方方面面和个人的生老病死，由此所产生的财政是典型的国家财政，其运行模式属于“生产建设型财政”。改革开放以后，虽然社会主义市场经济体制已基本建立，但政治体制改革进程严重滞后于社会改革的整体推进，其中一个重要表现是政府职能定位的混乱——“缺位”、“错位”与“越位”，表现在财政政策方面是很多不合理的项目得到了财政资金的资助，与此形成鲜明对比的是，各种合理合法的项目和支出无钱可用。这表明，财政制度依然延续了国家财政的干预模式，并没有形成适合市场经济体系的公共财政。其根本要义在于财政的切入点是解决市场不能自发解决的问题，目的是纠正市场失灵，至于市场能够自行解决的问题，财政应以不干预为原则。

因此，在走向市场经济的过程中，财政制度的转型是必然的趋势，实现国家

① ［美］约翰·罗尔斯．正义论［M］．北京：中国社会科学出版社，1997：1.

财政向公共政策的转化，不仅能够解释中国转型过程中的财政现象，而且是新的历史条件下的理性选择。

第四节　绩效评估制度的完善与问责制度的构建

一、绩效评估制度的完善

就民主政治的长远发展趋势来看，只有当人民真正拥有了恩格斯所说的对于辖区各级地方主政官员的“选权”和罢免权时，官员们就会尽己所能来全面地为辖区人民服务。从绩效评估的主体来说，应由上级评估为主导转变为以公众为主导。在评估标准上，单纯的 GDP 考核已经由数字上升为拜物教，严重异化了地方政府的行为，GDP 只能反映经济产出总量，却无法反映社会发展程度、民生指数，至于经济发展给环境带来的破坏以及对资源的消耗更是无法表示。因此，科学的考评指标和体系设计显得非常重要，目前对于 GDP 的崇拜虽然开始减弱，一些地方也在进行绿色 GDP 试点，但总的来说，还存在诸多问题。在弱化 GDP 指标的同时，应更多地考量社会事业发展和公正公平指标。也就是地方政府的考核不仅仅是经济发展方面，对于社会事业发展、民生事业、生态环境保护与可持续发展也应关注。不仅仅要考核地方经济和社会发展的现实状况，也要考察地方纵向的历史发展过程。考核标准也不能“一刀切”，用同样的标准和尺度去考察所有地方是不公平的，因为各地的经济发展水平、资源环境禀赋、区域地理位置、历史发展状况都存在着很大的差异。

根据西方国家的经验并结合我国具体国情，地方政府绩效评估机制的完善应从以下几个方面入手。

（一）构建科学的评价指标体系

设计指标体系要注意几个原则：其一是客观全面原则。绩效指标的制定要周密、合理、客观，要能涵盖政府的重要绩效。其二是一致性原则。各级政府及其部门必须通过广泛的动员与参与，在指标的范围、数量及权重制定方面尽量取得一致，达成广泛的共识。其三是“硬”指标与“软”指标相结合、各有侧重的原则。由于政府实际绩效的多角度，相应的指标设计要保持“软”“硬”结合。“硬”指标泛指可用数据量化的指标，一般表现在经济发展方面，可以通过一些数据的描述定位表现政绩；而“软”指标往往很难实现量化，只能通过社会评价和公众满意度来衡量，一般表现在社会服务方面，如果有中介组织进行调查则最能体现公正性。

在我国地方政府具体的指标设置上，要按照现代政府绩效评价指标体系的“5E”模型，指标既要体现经济、效率等“做大蛋糕”的指标，也要有效果和政府生产力等“做好蛋糕”的指标，体现公平正义等“分好蛋糕”方面的指标也不可或缺。“5E”指标体系包含了经济、效率、效果、效益和公平五个方面，基本涵盖了政府的执政目标，对于政府的绩效有很好的表达，得到了学术界和社会的广泛认同，也得到了政府的积极响应。经济指标主要指投入到公共产品和服务中的资源和水平；效率关心的是投入与产出之间的比例关系；效果通常是指公共产品和服务实现预期的程度，是衡量政府公共产品和服务的关键性要素；生产力则是一个把效率和效益结合起来的综合协调指标，公正有两层内涵：其一是社会的所有主体都有平等享有政府提供的公共产品和服务的权利；其二是作为补偿，弱势群体应该得到更多的关注。

在“软”指标的设计上，设置满意度指标必不可少，应遵循民众的“满意原则”。忙忙碌碌的政府不一定就是好政府，考评政府及其工作人员的绩效不仅仅应看其工作效率，更要考察政府的行为在多大程度上实现了社会和民众的利益。因此，满意指标实际上涵盖了政府的所有绩效，民众满意与否才是评价政府绩效的终极指标。

还应引入最新的“绿色 GDP”考核指标。绿色 GDP 考核指标是指“以绿色 GDP 为中心，反映国民财富及其变化，以资源耗减成本和环境降级成本为纽带的用以反映经济与环境之间相互影响关系的核心理念、界定、评价方法和指标体系的总和”。① 在经济发展越来越对环境产生破坏性的中国，推动地方政府绩效评估指标体系建立的“绿色化”已迫在眉睫。在绿色 GDP 体系下，生态环境发展指标是考核地方政府及其官员的核心参数，并赋予了很高的权重。政府官员要想获得称职甚至优秀评价，一个基本的要求是保持经济与环境的协调可持续发展。至于片面追求经济发展而导致生态环境遭到严重破坏的政府官员必然获得不称职评价。由于人力资本在现代社会发展中的重要作用，“绿色 GDP 国民经济核算体系”认为人力资本是社会财富的重要构成，依照绿色 GDP 考核所得出的结果，成为政府官员人力资源管理流程的重要参考，在此基础上激励政府官员的主动性和创造力，在某种程度上填补了自然资源和其他经济要素的有限性。

（二）正确确定政府绩效评价指标的权重

权重的确定为政府绩效评估指标的量化及政府绩效评估实践的开展提供了前提条件。依据不同的要求，地方政府绩效评估指标的权重也有很大的区别。

① 孙洪敏．将地方政府绩效评估纳入科学发展轨道［J］．云南行政学院学报，2011（3）．

应为树立以人为本的思想，适应建立服务型政府的要求及促进我国的稳定可持续发展。政府绩效评价指标的权重方面，代表经济发展效率指标应该减少比重，更多地将关注转向民众的满意度以及有关公正方面的内容，增加绩效评价的效益和服务质量指标，这是建立地方公共服务型政府的迫切要求和发展趋势。

（三）以政府职能的科学界定为前提设计评估指标

传统社会的政府扮演着全能主义的角色定位，但是现代社会的到来使得传统政府这一定位失去了作用。现代社会要求有限政府，也就是政府的职能范围是有限而且合适的：有限要求政府的职能从某些领域退却，还权于社会，还权于市场；而合适则要求社会有需要和政府能胜任的完美统一。以此作为基本的考量标准，地方政府的职能范围实际上很狭窄：其一，维护社会稳定，保证社会秩序，确保司法公正，保障个人权利和个性自由；其二，公平对待社会所有成员，在此基础上给予弱者更多的关怀；其三，维护正常竞争秩序，实施宏观调控，减少市场失灵给社会带来的损害；其四，提供公共产品和服务，满足社会多元化需求。美国经济学家弗里德曼认为，政府虽然对维护自由社会富有正当义务和责任，但也要防止政府以此为突破口，强化自身权力，对公民权利造成损害。① 因此，这些职能的行使也应该有严格的要求。

在有限政府职能的基础上，考评指标体系也应该以此为据，原先纷繁芜杂的指标结构应该简化，具体内容包括：其一，社会公共安全与秩序；其二，社会司法公正与公平；其三，经济与社会发展的有序；其四，分配公平与弱者权利保护；其五，经济社会协调可持续发展。至于与有限政府职能无关的指标，诸如招商引资、地方财政收入、社会工业总产值等应该剔除出去。只有这样明确了政府的职能定位，才能使政府有所为有所不为。

（四）指标设定要考虑外部环境变化，与时俱进

不同发展时期，民众利益和诉求会发生明显的变化，由此，绩效评估的指标体系设计应该相应进行调整，以适应外部环境的变化，保持与时俱进。在当前中国，指标体系应当按照科学发展观的指导，增加符合社会发展实际和民众强烈诉求的相关指标。比如在风险社会下，公共危机频发，那么处置突发事件的能力应该作为考核政府行为的指标；由于一些地方政府的暗箱操作导致腐败时有发生，政府政务公开应该成为廉政的考核指标；民众对高质量的公共产品和服务有了更高更多的需求，那么体现社会管理和服务的指标应着重考虑；与民众利益切身相

---

① ［美］弗里德曼．自由选择［M］．北京：机械工业出版社，2008：2.

关的教育、社会保障、住房、社会公平、环境保护、医疗等民生指标应该占据更多的权重，这样才能保证绩效指标的现实意义，也容易得到公众的支持和拥护。

（五）程序指标与结果指标的并重

按照一定的逻辑分析，绩效评估应该既包括程序方面，也包括结果方面。但目前中国的绩效评估基本上只关心政府“做了什么”，至于“做得怎么样”还没有引起应有的重视。美国学者奥斯本和盖布勒认为，“如果服务工作没有取得圆满的结果，那么完整的执行过程只是浪费金钱和时间罢了。”① 而且有的时候，完整而又努力的行政程序并不一定会产生良好的社会效益和结果，甚至会出现“南辕北辙”的局面。当然，这里并不是完全否定行政程序及其过程的重要性，实际上，评价行政过程有利于监督政府的全过程及其行为。绩效评估既要关注政府及其官员的努力过程，更要把侧重点放在努力之后的结果上，这样的绩效评估才是有现实意义的。因此，在考察政府的行为时，既要观察了解它做了一些什么工作，如何做的，更要实地考察政府的政策制定和执行给社会带来了什么样的实际效果，只有促进了社会和民众整体利益的实现才是有效的行政行为。

（六）强化公民参与：政府绩效评估主体多元化的形成

传统的绩效评估方式主要在政府内部实行，排除了民众的参与，其结果是政府官员的行为随着上级政府的要求而变化，并不会顾及民众的利益和需求，而且自我评价的评估方式必然走向形式化而失去价值。政府存在的公共性意味着政府行为的终极评价者是民众，只有公众才能衡量政府行为的正确与否。因此，作为衡量政府行为的绩效评估必须有公众的参与，形成多元主体共同评价的格局。现阶段着重要加强的是民众方面的评价，应通过民意调查等方式征集民众的意见。

二、问责制度的健全

责任政府是西方近代政治发展的产物，英国于1215年制定的《大宪章》开始约束政府权力。英国的学者最先研究和概括本国的责任政府制度，提出了关于这种宪制的理论，即责任政府理论。在《布莱克维尔政治学百科全书》中，责任政府被界定为“一种需要通过其赖以存在的立法机关而向全体选民解释其所做的决策是正确合理的行政机构”②，责任政府可界定为人民对公共权力的监督与控制，使公共权力的行使符合人民的意志与利益，直接或间接地对人民负责。

---

① ［美］戴维·奥斯本，特德·盖布勒．改革政府：企业家精神如何改革着公共部门［M］．上海：上海译文出版社，1996：333.

② ［英］戴维·米勒，韦农·波格丹诺．布莱克维尔政治学百科全书［M］．邓正来，译．北京：中国政法大学出版社，1992：702.

作为一种对传统政府的替代范式，对责任政府的追求本质上是政府治理范式的革新。“不妨称这样的模式为‘责任政府’，即对社会生活给予必要、适度干预的‘有限责任政府’。”① 同时责任政府也是一种治理理念，是近代社会进步和民主政治发展的必然产物。因为，“民主的政府必然是责任的政府”②。作为一种治理理念，政府必须要对民意负责，其治理的基本取向是公民，在此基础上应该向民选的代议机构负责。当然责任政府并不仅仅是范式和理念，也是一种制度安排，其理论逻辑是基于“权责统一”从而实现制度设计。政府的责任实际上是对政府权力的约束和控制措施，对政府追求公共治理的良好制度性设计，而且，这种制度安排与公民自由和法治理念密切相关。

布坎南认为，包括选民、纳税人、候选人、立法者、官僚、利益集团、政党和政府，都和在市场中一样，在政治活动中追求个人利益的最大化。在行为能力内，人们被认为是理性利益最大化者。③ 因此，追求个人效用最大化的官员贪图个人利益、追求奢侈浪费、漠视公共利益，充斥着官僚主义作风，工作效率低下。而政府机构臃肿、人员冗余又导致“政府机构最大化”、“预算最大化”、“行政成本最大化”、“效率最低化”，结果导致“政府失灵”。布坎南的公共选择理论，即“政府失灵论”，主张对政府行政权力进行监督制约，为问责政府的产生奠定了理论基础。

“由于委托人和代理人存在着严重的信息不对称，代理人在最大限度促进自身效用的同时，必然会产生损害委托人利益的行为。其中最根本的缘由在于委托人与代理人之间的效用函数往往并不重合，利益上的冲突难以避免”。④“一旦所雇用的代理人改变其行为，损害了委托人的利益，道德风险就出现了”⑤，从而也会出现主权在民的变质，即“人民选出代议士之后，一切由代议士代表人民管理政府。这样就形成人民徒有国家主人之名，无国家主人之实”⑥。“当代理人违背委托人的利益而谋求自己的利益时，腐败就出现了”⑦。因此，要保证政府的公权力能够成为保护公民的利器，而不是谋求自利的工具，问责制度必不可少。

---

① 陈庆云．“小政府”与“责任政府”［J］．中国行政管理，1994（12）．

② 张成福．责任政府论［J］．中国人民大学学报，2000（12）．

③ James M. Buchianan et al. *The Economics of Politics* ［M］. London：Institute of Economic Affairs，1978：17.

④ ［美］戈登·塔洛克．寻租——对寻租活动的经济分析［M］．成都：西南财经大学出版社，1999：69-70.

⑤ ［美］史蒂文斯．集体选择经济学［M］．上海：上海人民出版社，1999：355-366.

⑥ 顾不先．民权主义民主政治［M］．台北：三民书局，1993：398-399.

⑦ ［南非］克里特加德．控制腐败［M］．北京：中央编译出版社，1998：27.

构建公共服务的问责体系，必须通过民众的广泛参与，沟通政府与民众的关系，凝聚民心、民力、民智，促进公正，使问责制度得到真正贯彻落实。具体来说，包括几个方面。

（一）理念先行：问责的前提

理念是行为的先导，责任行政必须先树立责任理念。长期以来，政府及官员并没有产生正确的权力与责任观，认为行政就是行使权力，其结果是自由裁量权在现实中的泛滥，政府的随意行政对公民权利构成了极大的侵害。因此，解决问责的根本基础是首先从观念方面进行更新，使社会广泛认识到权力和责任的相辅相成，权力的行使必须与责任的承担同时发生作用。而且，责任并不简单，因为权力来源于人民的授予，受到法律的约束和限制，由此行政行为既有对法律的责任，也有对民众的责任。权责是辩证统一的集合体，责任是获取权力的前提和基础，权力是承担责任的保障和必要。而且权责之间的关系是动态发展的过程，呈正相关关系，意味着职位越高，权力也大，同时责任也就更大。因此，必须在全社会广泛宣传“权力来源于人民授予”的权力观以及责任的重大性的观念。

（二）重塑职能：问责的基础

构建责任政府必须与政府职能转变相结合。构建问责制，前提是对什么进行问责，这就涉及政府在经济社会发展中的作用，也就是职能的定位问题。只有明确政府的职能，才能寻找问责的对象。重塑职能意味着实现从全能政府向有限政府的转型，而有限政府的建立又要求政府调整好与社会和市场之间的关系。作为有限政府，其职责有三个方面：其一，作为全社会共同利益的代表者和公共活动管理者，提供基本公共产品和服务，兴办社会公益事业，推动社会的文明进步和文化传承；其二，在与市场的关系方面，运用各种经济、法律和行政杠杆对经济实行宏观调控，纠正市场失灵，促进市场竞争，提供社会保障，实现经济的健康可持续发展；其三，在与社会的关系方面，还权于社会，政府不再事事操办，而是积极培育民间组织，扩大公众参与的广度和深度，尽可能实现公民自治。

（三）绩效问责：问责的突破口

绩效评估在西方发展得如火如荼，在某种程度上突破了传统政府考核机制的弊端，实现了政府行为的可量化和可操作性。长期以来，政府以官僚制的结构形式实现运作，其行为难以通过企业式的成本——收益分析去界定，责任无法确定，“不求有功，但求无过”成为政府工作人员的信条。引入绩效评估后，应通过评估机构、评价机制和评估指标方面去界定政府的责任：在考评估机构方面，成立独立的绩效评估委员会，直接对最高权力机关负责；在评价机制方面，通过事前、事中、事后的全过程观察，形成绩效问责的评价、发布、反馈、奖惩机制的全方位运行；在考评指标方面，把民意、结果、效益、效率、成本、质量等多种指标纳入考评体系，改变过去单一的指标。

（四）异体问责：问责的关键

现行的问责机制是“同体问责”，也就是依靠政府自身来启动问责，但问题是，追求物质利益和其他利益的满足是个体从政的本能要求和现实反应，此时便很难依靠政府自身的力量来规制其行为，这就需要异体问责通过他律最终促成政府的自律。① 行政问责关键在于“异体问责”的施行，离开异体问责，所谓的问责制将只是“一纸空文”。中国的基本政治制度是人民代表大会制度，强化“异体问责”，首要前提是加强人大监督政府的权力，这也集中体现了政府及官员对民众负责的事实和理念，要保证人大的罢免权，明确人大提出质询案的制度和程序，还要加强大众传媒的舆论监督效应；要充分调动全体民众监督的积极性等。

（五）完善法治：问责的保障

健全法律法规，推进依法行政和法治政府的建设是构建责任政府的前提和必由之路。进一步完善法治必须加强立法、司法、行政执法以及对行政执法的监督工作。在立法上，要坚持走群众路线，制定与人民利益密切相关、准确反映人民利益诉求的法律法规和公共政策，原则上要公开听取意见；在司法上，以加强权力制约和监督为重点，优化司法职权配置，规范司法行为；在执法上，地方政府应加快推进依法行政、建设法治政府的进程，严格按照法定权限和程序行使职权、履行职责；在对执法活动的监督上，做到有权必有责、用权受监督、违法受追究，确保执法权力的正确行使。

① 陈国权、李院林．政府自利性：问题与对策［J］．浙江大学学报，2004（1）．

结　束　语

在当代中国，地方政府的角色扮演非常复杂：改革开放后经济增长的奇迹中，它有巨大的推动作用，但很多严重的社会问题也归罪于它；作为中央政府的代理人却没有完全代表中央的利益，作为地方利益的代表却与当地民众的意愿不一致；经济利益集团为了获取稳定高额垄断利润需要向地方政府寻租，但同时却对地方政府保持时刻警惕。如此尴尬的局面让地方政府成为众多研究者热衷的对象，可以说关于地方政府的研究可谓汗牛充栋。本书从地方政府异化的行为研究出发，围绕地方政府走向公司化的过程中与经济利益集团联盟之后发生的各种复杂的关系；从博弈论的角度出发，分析了地方增长联盟与反增长联盟各主体之间的利益争夺；并从组织理论的观点出发，评述了政党官僚制存在的危机，从政治体制改革等方面探寻了改革的路径。本书得出了以下几个结论。

一、有关地方政府行为的研究，很多分析建立在委托—代理理论的基础之上。委托—代理理论非常适用于现今中央政府和地方政府的相互关系：中央政府代表全国整体利益，根据选民意志制定法律规范和政策措施，成为委托人；地方政府在区域治理中代表中央政府，并为此承担责任，成为代理人。由于中央政府和地方政府信息上的严重不对称，地方政府凭借掌控的信息优势，垄断信息资源，对各种有效信息实施区别对待，如夸大宣传正面信息、过滤屏蔽负面消息等，使得中央政府要么花费巨额成本去核实信息的真实性，要么选择相信地方政府提供的信息。由于垄断信息的风险成本极低，被发现的几率也比较小，地方政府凭借信息优势追求自身利益最大化的底气越来越足。总之，利益函数的不一致以及信息不对称，为地方政府追求自身利益最大化提供了极好的机会和借口，并把这种追求巧妙地隐藏了起来。中央政府与地方政府委托—代理关系的确定很大程度上要依靠中央和地方的讨价还价谈判来实现，由于各自的权利义务并没有明确的规定，因此，这种双边谈判的不确定性和偶然性导致了中央和地方委托—代理问题的进一步加剧。

需要注意的是，委托—代理理论在中央政府和地方政府研究的引入是建立在西方经济和社会发展基础上的，中国语境下委托—代理理论的运用必须考虑到中国的历史影响脉络和现实国情因素。根据里格斯的研究，行政体制可以分为三种不同的模型结果：农业社会的融合模型、工业社会的衍射模型以及过渡社会的棱柱模型。① 很明显，中国处于传统农业社会向现代工业社会的转型之中，过渡社会的特质异常明显。行政系统除了受制于经济和政治因素外，其他文化和社会系统也对行政结构产生了深远影响。因此，中央和地方关系不仅仅受到政治系统的影响，历史因素、文化传承以及中国特有的差序格局也有着非常关键的作用。这些非政治性因素也应包含在分析框架中。这也是本书的研究还需要进一步分析的地方。

二、机会主义成为地方政府公司化中增长联盟形成的支撑基础。从理论上讲，机会主义行为是普遍存在于人类行为中的。在新制度经济学中，现实合约都是不可能尽善尽美的，只要合约设计存在漏洞，信息不对称不能消除，那么机会主义行为就往往难以避免。就央地关系来说，地方官员虽然在意识形态和政治立场上与中央保持一致，但最基本的考虑还是个人收益的最大化。从政治上讲，这种个人收益主要是政治晋升，得到上级的称赞和赏识；从经济上讲，这种个人收益主要包括地方经济的发展和财政收入增加，以及个人获得的经济收入。地方政府与中央政府之间的这种目标偏好差异表明两者之间存在明显的利益分歧。在现实中，这种分歧又被“政策溢出效应”所放大。一方面，地方政府负责地方的治理，代表国家管理和控制各种国家资源，权力极大；另一方面，地方官员由于任期限制，并力图在短期内得到升迁，因此不需要承担治理绩效的全部责任。这就为地方政府的“机会主义”行为提供了可乘之机。

应该说，机会主义行为的主要原因是现行中央与地方之间制度安排产生的激励。政治升迁是对地方官员最大的激励，而中央政府的考核目标在发展导向的大背景下只能以经济发展为主，这就引导地方政府在短期内显示经济政绩的目标偏好。同时，地方财政“软约束”状态也使得地方政府能够自由地在预算外经营收益，而不会受到同级人大的制约和中央政府的控制。地方政府很容易将经济发展和预算最大化简单等同于 GDP 增长和预算外财政收入最大化，也会选择短期内能够刺激社会消费、拉动经济发展，同时带来大量财政收益的发展方式，而不会在意这种发展方式可能带来的负面效应。而粗放型供地、“圈地”和大规模的房地产开发几乎同时满足以上这些要求。地方政府借由土地产权分割的便利，可以轻松以低价从农民手中征地，然后以数倍于此的市场价出让，从中获取出让金等收益，或者以低价进行招商引资，吸引大型项目落地，以带动工业化发展。同时，城市房地产业的发展，既能直接带来大量税收，也能刺激社会消费，拉动经

---

① Fred. W. Riggs. *Administration in Developing Countries: The Theory of Prismatic Society* [M]. Boston: Houghton Mufflin Company, 1964.

济发展，成为经济增长点。但是，地方政府忽视了土地资源的可持续性，而且通过征地向农民转移了成本，由此造成的耕地资源锐减和大量失地农民的责任，都被推卸给中央政府来承担。这些都是地方机会主义行为的典型特征。

既然现有的制度安排会引发机会主义，为什么中央政府还会选择这样的制度安排呢？从根本上说，这是中国这样的后全能国家迈向现代化的一种路径选择。在全能型体制中，国家控制了几乎全部的社会资源，并依靠政治动员的方式来推进现代化进程。改革开放以后，虽然中国的全能体制开始逐渐解构，国家对社会的渗透能力与国家掌控的资源都开始下降，但是，由政府主导推动经济发展和工业化进程的方式并没有从根本上改变。虽然国家不再渗透社会，并以此动员社会资源发展现代化，但却继续通过中央动员地方，地方动员资源的方式推动经济和社会发展。这就是中国的产权改革走的是从中央到地方的体制内下放路径，而不是从国家到社会的释放路径的根本原因。中央政府没有将改革前掌控的所有资源都释放给社会，而是下放给地方政府，并通过政治考核措施和财政分权，激励地方政府发展地区经济。有的学者称之为“中国特有的以地方行政利益为边界的市场竞争关系和经济增长方式”①。在这种模式下，中央政府必须要依靠地方政府，向地方政府下放包括财政权、剩余索取权、资源管理权在内的各种权力。

三、中央与地方之间由“零和博弈”日益转变为“非零和博弈”。改革开放以前，由于真正的国家有所制，或者说中央政府垄断制的存在，中央与地方之间是一种典型的“委托—代理”关系，两者之间权力的动态调整表现为“一收就死，一放就乱”的零和博弈。所谓“零和博弈”，表明定量的权力在中央与地方之间的“此消彼长”地分配：当中央向上收权时，权力集中于国务院及其各部委，地方的行为受到极大约束；而当中央向下分权时，权力又迅速通过“条条”部门分散到地方“块块”之中，地方政府的自主性空间放大。零和博弈的一个前提条件就是计划经济体制。在计划经济下，所有的资源事实上都控制在政府手中，由政府主导分配，没有所谓的一条腿走路还是两条路走路的问题，只是这些资源在不同层级政府间的分配问题。以企业管理权下放为例，企业的所有权都是国家的，因此企业不是市场竞争的独立主体，而权力下放或者上收只是改变了直接控制企业的政府主体而已。因此，在这种体制下，地方政府获得的权力只可能是中央政府失去的，而中央政府上收的权力，只可能是地方政府丧失的。所以，在中国的分权化改革中，要么是“强中央弱地方”，要么是“弱地方强中央”。②

---

① 陈东琪，银温泉．打破地方市场分割［M］．北京：中国计划出版社，2002：32.

② 杨红伟．超越“零和博弈”：央地财政关系研究的范式转换［J］．晋阳学刊，2007(4).

改革开放以后，由于市场化改革，尤其是产权的地方化和产权的消散，很多资源已经由中央掌控下放到地方管理，这就使得中央地方的博弈出现了新的景象：“一收就死，一放就乱”的规律消失了。从财政体制来看，中央政府虽然能够有效控制地方的预算内收入，但是对于预算外收入和非预算收入，则无力控制，甚至中央对地方的预算收入控制越严格，地方政府经营预算外收入的动力则越强，预算外收入和非预算收入也大幅增长。这一方面是因为监督的成本很高，中央政府没有能力控制住地方财政的所有项目；其次，中央与地方在事权上的分割相对不合理，造成中央也必须在一定程度上容忍地方的预算外行动，以保证地方政府的正常运转。

在这种非零和博弈中，每当中央把某一领域的权力上收，或者制定更为严厉的政策来削弱地方的自由裁量权时，地方政府虽然不得不执行，它却可以通过掌控的资源开辟新的攫取领域。就目标而言，政策变迁达到了良好效果。但是从整体上看，地方政府的攫取行为并没有被扼制，只是转移了而已。这就逼迫中央进一步推动政策变迁，不过，这种变迁无疑是有时滞的，它经常滞后于地方政府的攫取行为。这就好像中央在不断驱赶地方政府寻找新的攫取领域。于是就形成这样一个局面：中央一直在推行制度化，打击地方政府的攫取行为和腐败行为，但是每次发出的重拳又好像打不在节骨眼上，被地方规避。在这种情况下，简单地说中央强还是地方强已经没有意义，因为权力不再是在中央和地方之间零和分配的。即使中央收权，地方还是利用代理成本高昂等客观原因寻找新的攫取领域，而不会像计划经济时代那样，立即变得手足无措，丧失权力。地方新选择的行为仍然能保证其收益，当然这也带来巨大的外部性和腐败行为。

四、政党官僚制的解体呼唤新型治理结构的重塑。现代社会的大型组织，包括政党、政府、军队、企业和社会团体都是通过理性的官僚制来实现对组织的有效管理，从而提高管理效率。现代民族国家通过官僚系统对经济社会生活实施有效的运作从而支撑政府的运转和公共管理的实现。中国虽然一再强调党的群众路线，但由于政府官僚制被政党官僚制取代，政治的利益表达机制和官僚竞争体系被制度性地解构了，通过一党执政垄断了政治参与机会，通往高层的渠道被任命制垄断，其他通道基本被关闭。政治精英的任命制度迫使地方领导人选择在官僚体制内谋求职位的保持或升迁，至于地方民众的支持和信任则无关紧要。在这里，官僚统治型体制对于公众利益的反应并不积极，在某种程度上说属于严重迟钝状态。

机会主义对政党官僚制的冲击就其本质来说，实际上表现为中央政府和地方政府在制度环境软约束下，效用函数的差别与冲突。其理论后果是政府离“公共性”的根本宗旨越走越远，变成了利益至上的公司，自身合法性受到质疑，也损害了社会的公正性。实践后果是财政资源配置的扭曲以及政府行为的异化。

问题是，虽然机会主义广泛存在，但为什么在中央政府和地方政府关系上表现得如此明显？我们可以总结为三个方面：改革开放后渐进式改革引致的制度不规范；中央和地方关系的严重不均衡；地方政府的信息优势。由于社会的日趋复杂化，地方政府由于接近社会基层，拥有更多的信息资源，特别是中央政府治理全国的信息也需要地方政府来提供。在中央和地方的复杂关系中，地方政府利用所掌控的信息优势，在规则不稳定甚至无规则的前提下，与中央政府进行着“以弱对强”的博弈。

五、在中国，由于对增长联盟不存在相应的约束机制，民众并不能掌握地方领导人的任免，工会完全成为政府的附庸，非政府组织的力量比较小，作为社会中间力量的中产阶级始终无法形成，各种救济补偿机制虽有制度规定但却无法实现其目的。唯一能拆散现有联盟的是中央和上级政府，但这毕竟是非常态的，而且新的增长联盟也很容易再次形成。尽管地方治理开始逐步完善，但依然没有形成制度性的规范。在地方政府与利益集团结成联盟的同时，反增长联盟也开始以各种形式出现，只不过中国语境下反增长联盟的主体变成了农民。之所以农民成为主体，原因在于地方政府公司化及增长联盟的形成，农民是利益受损最大的群体，特别是增长联盟依赖的主要是土地财政，因此农民手中的土地成为“香饽饽”。尽管当今农民的收入来源多样化，土地不再是“命根子”，但土地对于农民的生存价值不言而喻，当土地被征用后，农民的生存就受到严重的威胁。一方面，地方政府和利益集团的征地补偿措施非常不合理，在拆迁安置中根本没有考虑到农民未来的生存需要；另一方面，农民由于长期以土地谋生，在市场体系中缺乏必要的就业技能，加上城市用工政策对农民充斥着歧视和偏见，导致农民的未来生活难以为继。

然而，无组织化的力量使得农民在与社会其他利益主体的博弈中始终处于不利地位，无法追求自身合法利益的最大化。当农民利益被侵犯得忍无可忍的时候，上访、群体性事件等极端方式就取代了谈判等制度性的措施。特别是地方增长联盟对反增长联盟的利益侵蚀和打压越来越明显，利益冲突越来越激化，加上生活方式的巨变以及缺乏制度性的利益表达和协调机制，这些复杂因素的综合作用使得反增长联盟在寻求合法化和制度化利益表达无果后，只得选择通过集体行动的体制外维权方式来进行。当利益受损的时候，反增长联盟一般会选择以集体的名义表现出来。集体行动在抗争过程中因受到个人理性的选择会出现“搭便车”的现象。由于集体的行动并不能满足所有人的利益需求，部分农民在参加集体抗争后会一无所获，形成内部的利益冲突。由于地方增长联盟的形成，农民所遭受影响的程度各有不同。但是在集体抗争行为中，农民所承担的责任、风险是相同的。因此，集体中的利益差别和利益冲突会影响抗争行为的最终结果。此外，部分农民的抗争意识比较淡薄，一些不愿意抗争的和一些地方增长联盟的利益实现对自身伤害不大的农民不会选择抗争，这就与集体行动产生了分歧，农民内部的利益冲突使抗争行为陷入困境。

地方政府公司化中的增长联盟涉及地方政府、企业、公众、专家学者、利益相关者等多个主体之间的复杂关系，在增长联盟与反增长联盟之间，增长联盟和反增长联盟内部存在着复杂的互动关系，局限于既有研究视角使得本书的研究存在着有待进一步深入的地方。

一、地方政府公司化中增长联盟的出现不仅仅是政治精英和经济精英的结合，还有更多的参与者涉及其中，使研究对象变得更加复杂化，因此要重视参与者（stake holder）互动，并且考虑更多的参与者，如不同所有制的企业、专家、农村社区等，因为联盟形成的过程和参与者之间的互动（stake holder interaction）是研究增长联盟的两个重要方面。

二、受到各种复杂因素的影响，地方各个层级的政府公司化的表现差异非常明显，由此产生的增长联盟形态也出现了多元化的局面，试图用一种模式去解释很难做到。对于省级政府层面更多的是考虑到了对于中央的政治承诺，经济考核压力相对较轻。增长联盟更多地体现于市、县、乡一级，由于这三个层级的政府数量多，数据资料的可获得性和真实性相对来说更加复杂。如何选择代表性样本，样本数据的甄别需要付出更多努力。

三、测度地方增长联盟的稳固系数需要设计多个指标，指标选择的相关性以及权重的分配除了定性分析之外，还需要定量的分析以及样本假设的验证。

参 考 文 献

中文部分

(一) 著作类文献

1. [德] 柯武刚，史漫飞．制度经济学：社会秩序与公共政策 [M]．北京：商务印书馆，2000.

2. [美] R. 科斯，A. 阿尔钦，D. 诺斯．财产权利与制度变迁——产权学派与新制度经济学派译文集 [M]．上海：上海三联书店，1994.

3. [美] Y. 巴泽尔．产权的经济分析 [M]．上海：上海三联书店，上海人民出版社，1997.

4. [美] 埃格特森．新制度经济学 [M]．北京：商务印书馆，1996.

5. [美] 艾伯特·赫希曼．经济发展战略 [M]．北京：经济科学出版社，1991.

6. [美] 安德烈·施莱弗，罗伯特·维什尼．掠夺之手：政府病及其治疗 [M]．北京：中信出版社，2004.

7. [美] 安东尼·唐斯．官僚制内幕 [M]．北京：中国人民大学出版社，2006.

8. [美] 奥尔森．集体行动的逻辑 [M]．上海：上海人民出版社，1995.

9. [美] 博曼，雷吉．协商民主：论理性与政治 [M]．北京：中央编译出版社，2006.

10. [美] 查尔斯·林德布鲁姆．决策过程 [M]．上海：上海译文出版社，1988.

11. [美] 戴维·M. 克雷普斯．博弈论与经济模型 [M]．北京：商务印书馆，2007.

12. [美] 戴维·伊斯顿．政治生活中的系统分析 [M]．北京：华夏出版社，1999.

13. [美] 戴维·奥斯本．改革政府——企业精神如何改革着公营部门 [M]．上海：上海译文出版社，1996.

14. ［美］丹尼斯·C. 缪勒．公共选择理论［M］. 北京：中国社会科学出版社，1999.

15. ［美］道格拉斯·C·诺斯．经济史中的结构与变迁［M］. 北京：三联书店，1994.

16. ［美］道格拉斯·诺斯．制度、制度变迁与经济绩效［M］. 上海：上海三联书店，1994.

17. ［美］杜赞奇．文化、权力与国家［M］. 南京：江苏人民出版社，2010.

18. ［美］凡勃伦．有限阶级论——关于制度的经济研究［M］. 北京：商务印书馆，1997.

19. ［美］戈登·塔洛克．寻租：对寻租活动的经济学分析［M］. 成都：西南财经大学出版社，1999.

20. ［美］赫伯特·西蒙．现代决策理论的基石：有限理性说［M］. 北京：北京经济学院出版社，1988.

21. ［美］赫尔普曼．经济增长的秘密［M］. 北京：中国人民大学出版社，2007.

22. ［美］杰克·奈特．制度与社会冲突［M］. 上海：上海人民出版社，2010.

23. ［美］康芒斯．制度经济学（上册）［M］. 北京：商务印书馆，1997.

24. ［美］罗纳德·J. 奥克森．治理地方公共经济［M］. 北京：北京大学出版社，2005.

25. ［美］罗伊·鲍尔．中国的财政政策——税制与中央及地方的财政关系［M］. 北京：中国税务出版社，2000.

26. ［美］曼瑟尔·奥尔森．国家兴衰探源——经济增长、滞胀与社会僵化［M］. 北京：商务印书馆，1993.

27. ［美］帕特里克·敦利威．民主、官僚制与公共选择［M］. 北京：中国青年出版社，2004.

28. ［美］帕特南．使民主运转起来［M］. 南昌：江西人民出版社，2001.

29. ［美］舒尔茨．报酬递增的源泉［M］. 北京：北京大学出版社，2001.

30. ［美］斯蒂格利茨．政府为什么干预经济——政府在市场经济中的角色［M］. 北京：中国物资出版社，1998.

31. ［美］斯科特．弱者的武器［M］. 南京：译林出版社，2007.

32. ［美］威廉·阿瑟·刘易斯．经济增长理论［M］. 上海：三联书店，1994.

33. ［美］詹姆斯·M. 布坎南．自由、市场与国家——80 年代的政治经济学［M］. 上海：三联书店，1989.

34. ［瑞典］冈纳·缪尔达尔. 亚洲的戏剧：南亚国家贫困问题研究［M］. 北京：首都经贸大学出版社，2001.

35. 丁煌. 西方行政学说史［M］. 武汉：武汉大学出版社，1999.

36. 方福前. 公共选择理论——政治的经济学［M］. 北京：中国人民大学出版社，2000.

37. 国家行政学院国际合作交流部. 西方国家行政改革述评［M］. 北京：国家行政学院出版社，1998.

38. 何包钢. 协商民主：理论、方法和实践［M］. 北京：中国社会科学出版社，2008.

39. 何显明. 市场化进程中的地方政府行为逻辑［M］. 北京：人民出版社，2008.

40. 何显明. 信用政府的逻辑：转型期地方政府信用缺失现象的制度分析［M］. 上海：学林出版社，2007.

41. 何增科. 公众社会与第三部门［M］. 北京：社会科学文献出版社，2000.

42. 胡书东. 经济发展中的中央与地方关系——中国财政制度变迁研究［M］. 上海：上海三联书店，上海人民出版社，2001.

43. 林毅夫. 中国的奇迹：发展战略与经济改革［M］. 上海：上海三联书店，上海人民出版社，1994.

44. 刘华蓉. 大众传媒与政治［M］. 北京：北京大学出版社，2004.

45. 卢现祥. 西方新制度经济学［M］. 北京：中国发展出版社，1996.

46. 卢现祥. 寻租经济学导论［M］. 北京：中国财政经济出版社，2000.

47. 罗荣渠. 现代化新论——世界与中国的现代化进程［M］. 北京：商务印书馆，2004.

48. 莫泰基. 公众参与：社会政策的基石［M］. 北京：中华书局有限公司，1995.

49. 潘伟杰. 制度、制度变迁与政府规制研究［M］. 上海：上海三联书店，2005.

50. 荣敬本，崔之元. 从压力型体制向民主合作制的转变：县乡两级政治体制改革［M］. 北京：中央编译出版社，1998.

51. 孙学玉. 企业型政府论［M］. 北京：社会科学文献出版社，2005.

52. 谢识予. 经济博弈论［M］. 上海：复旦大学出版社，2003.

53. 俞可平. 治理与善治［M］. 北京：社会科学文献出版社，2000.

54. 俞可平．中国治理变迁30年［M］．北京：社会科学文献出版社，2008.

55. 张成福，党秀云．公共管理学［M］．北京：中国人民大学出版社，2001.

56. 张鸿雁．城市文化资本论［M］．南京：东南大学出版社，2010.

57. 张静．基层政权——乡村制度诸问题［M］．杭州：浙江人民出版社，2000.

58. 张维迎．博弈论与信息经济学［M］．上海：上海人民出版社，2004.

59. 周黎安．转型中的地方政府：官员激励与治理［M］．上海：上海人民出版社，格致出版社，2008.

（二）论文类文献

1. 白重恩．地方保护主义及产业地区集中度的决定因素和变动趋势［J］．经济研究，2004.

2. 曹正汉．中国上下分治的治理体制及其稳定机制［J］．社会学研究，2011.

3. 陈抗，Arye L. Hillman，顾清扬．财政集权与地方政府行为变化——从援助之手到攫取之手［J］．经济学，2002.

4. 陈志勇，陈莉莉．财政体制与地方政府财政行为探讨——基于治理“土地财政”的视角［J］．中南财经政法大学学报，2009.

5. 杜兴强，陈韫慧，杜颖洁．寻租、政治联系与“真实”业绩——基于民营上市公司的经验证据［J］．金融研究，2010.

6. 郭庆旺，贾俊雪．地方政府行为、投资冲动与宏观经济稳定［J］．管理世界，2006.

7. 洪银兴，曹勇．经济体制转轨时期的地方政府功能［J］．经济研究，1996.

8. 洪银兴．地方政府行为和中国市场经济的发展［J］．经济学家，1997.

9. 黄健荣，王勇．论我国地方政府问责制之建构：问题与对策［J］．江苏行政学院学报，2009.

10. 金太军，袁建军．地方政府创新博弈分析［J］．江海学刊，2005.

11. 李善同，侯永志，刘云中．中国国内地方保护问题的调查和分析［J］．经济研究，2004.

12. 林闽钢．试论适度普惠型社会福利的城乡一体化［J］．理论月刊，2011.

13. 林南．地方性市场社会主义：中国农村地方法团主义之实际运行［J］．国外社会学，1996.

14. 林毅夫，蔡方．论中国经济改革的渐进式道路［J］．经济研究，1993.

15. 刘顺义 . 中国地方政府界别机会主义倾向经济行为探讨 [J]. 甘肃理论学刊，2005.

16. 刘伟忠，张宇 . 利益集团与公共政策制定 [J]. 山东社会科学，2006.

17. 庞绍堂 . “三农”问题渊源考——兼论其解决之道 [J]. 江海学刊，2008.

18. 庞绍堂 . 论社区建设中的公共性 [J]. 南京社会科学，2009.

19. 彭小兵，邓琳滢 . 城市拆迁中开发商和政府部门的行为分析——基于扩展式博弈的角度 [J]. 华东经济管理，2009.

20. 乔宝云，张晓云，彭骥鸣 . 财政支出分权、收入自治与转移支付的优化组合 [J]. 财政研究，2007.

21. 王守坤，任保平 . 财政联邦还是委托代理：关于中国式分权性质的经验判断 [J]. 管理世界，2009.

22. 王文剑，覃成林 . 地方政府行为与财政分权增长效应的地区性差异——基于经验分析的判断、假说及检验 [J]. 管理世界，2008.

23. 王贤彬，徐现祥，周靖祥 . 晋升激励与投资周期——来自中国省级官员的证据 [J]. 中国工业经济，2010.

24. 王贤彬，徐现祥 . 地方官员晋升竞争与经济增长 [J]. 经济科学，2010.

25. 王雪丽 . 城市拆迁中政府行为的理性选择问题初探 [J]. 云南行政学院学报，2010.

26. 夏永祥 . “苏南模式”中地方政府公司主义的功过得失 [J]. 苏州大学学报，2012.

27. 严强 . 政府间关系：体制与行政 [J]. 江苏行政学院学报，2009.

28. 严新明，童星 . 一级所有权与二级所有权——土地作为政治产品运作的研究 [J]. 社会科学研究，2012.

29. 杨其静，聂辉华 . 保护市场的联邦主义及其批判 [J]. 经济研究，2008.

30. 杨瑞龙，杨其静 . 阶梯式的渐进制度变迁模型：再论地方政府在我国制度变迁中的作用 [J]. 经济研究，2000.

31. 杨瑞龙 . 我国制度变迁方式转换的三阶段论——兼论地方政府的制度 [J]. 经济研究，1998.

32. 杨善华，苏红 . 从代理型政权经营者到谋利型政权经营者 [J]. 社会学研究，2002.

33. 杨帅，温铁军 . 经济波动、财税体制变迁与土地资源资本化——对中国改革开放依赖“三次圈地”相关问题的实证分析［J］. 管理世界，2010.

34. 银温泉，才婉茹 . 我国市场分割的成因及治理［J］. 经济研究，2001.

35. 于良春，于东华 . 中国地区性行政垄断程度的测度研究［J］. 经济研究，2009.

36. 余明桂，回雅甫，潘红波 . 政治联系、寻租与地方政府财政补贴有效性［J］. 经济研究，2010.

37. 张海波，童星 . 公共危机治理与问责制［J］. 政治学研究，2010.

38. 张京祥，殷洁，罗小龙 . 地方政府企业化主导下的城市空间发展与演化研究［J］. 人文地理，2006.

39. 郑毓盛，李崇高 . 中国地方分割的效率损失［J］. 中国社会科学，2003.

40. 周飞舟 . 生财有道：土地开发和转让中的政府和农民［J］. 社会学研究，2007.

41. 周黎安 . 晋升博弈中地方官员的激励与合作［J］. 经济研究，2004.

42. 周黎安 . 中国地方官员的晋升锦标赛模式研究［J］. 经济研究，2007.

43. 周雪光 . “逆向软预算约束”：一个政府行为的组织分析［J］. 中国社会科学，2005.

44. 周雪光 . 关系产权：产权制度的一个社会学解释［J］. 社会学研究，2005.

45. 周业安，赵晓男 . 地方政府竞争模式研究——构建地方政府间良性竞争秩序的理论和政策分析［J］. 管理世界，2002.

46. 朱国云 . 科层制与中国社会组织管理模式［J］. 管理世界，1999.

英文部分

1. Oi, Jean. Fiscal Reform and the Economic Foundation of Local State Corporatism in China [J]. World Politics, 1992.

2. Walder, Andrew. Local Governments As Industrial Firms [J]. American Journal of Sociology, 1995.

3. Marc Blecher. Development State, Entrepreneurial State: The Political Economy of Socialist Reform in Xinju Municipality and Guanghan County, in Gordon White (eds.), The Chinese State in the Era of Economic Reform: The Road to Crisis [M]. London: Macmillan, 1991.

4. Marc Blecher, Vivienne Shue. Into Leateher: State-Led Development and the

Private Stector Xinji [J]. The China Quarterly, 2001.

5. Peng Yusheng. Chinese Villages and Townships as Industrial Corporations: Ownership, Governance, and Market Discipline [J]. The American Journal of Sociology, 2001.

6. Thomas Bernstein. Taxation Without Representation in Contemporary Rural China [J]. Cambridge: Cambridge University Press, 2003.

7. Sargeson, S. Zhang. Reassessing the Role of the Local State: A Case Study of Local Government Interventions in Property Rights Reformin a Hangzhou District [J]. The China Journal, 1999.

8. Shirk, Susan. The Political Economy of Chinese Industrial Reform, In Remaking the Economic Institutions of Socialism [M]. California: Stanford University Press, 1988.

9. C. Stone, E. Urban Regimes and the Capacity to Govern: a Political Economy Approach [J]. Journal of Urban Affairs, 15, 1993.

10. A. Jonas. Urban Growth Machine: Critical Perspectives two Decades Later, [M]. Buffalo: State University of New York Press, 1999.

11. Wu F. U. Urban Restructuring in China's Emerging Market Economy: Towards Afram Ework for Analysis [J]. International Journal of Urban and Regional Research, 1997.

12. D, Harvey. From Managerialism to Entrepreneurialism: The Transformationin Urban Governance in Late Capitalism [J]. Geografiska Annaler B, 1989.

13. G. M. Grossman, E. Helpman, Special Interest Politics [M]. Cambridge: MA: The MIT Press, 2001.

14. Joel S. Hellman, Geraint, Jones Daniel, Kaufmann. Seize the State, Seize the Day-State Capture, Corruption and Influence in Transition [P]. World Bank Policy Research Working Paper, 2000.

15. Thanakvaro Thyl De Lopez. Stakeholder Management for Conservation Projects: A Case Study of Ream National Park, Cambodia [J]. Environmental Management, 2001.

16. Qian Yingyi, Barry R. Weingast. China's Transition to Market: Market-Preserving Federalism, Chinese Style [J]. Journal of Policy Reform, 1996.

17. Olson. Power and Prosperity: Outgrowing Communist and Capitalist

Dictatorships [J]. New York: Basic Books, 2000.

18. Akai N, Sakate M. Fiscal Decentralization Contributes to Economic Growth: Evidence From State-level Cross-section Date for the United States [J]. Journal of Urban Economics, 2002.

19. Qian Y, Roland G. Federalism and the Sofe Budget Constraint [J]. American Economic Review, 1998.

20. Lin J Y, Liu Z. Fiscal Decentralization and Economic Growth in China [J]. Economic Development and Cultural Change, 2000.

后　记

本书是在我博士论文的基础上修订而成的。回首攻读博士学位的经历，我不禁感慨万千。从接到录取通知书之后的欣喜，到博士生课程的紧张；体验过读万卷书后的欣喜，体会过名师授课后的醍醐灌顶；既有严师如父的亲切教诲，也有同学之间交往的真情；科研既是一种压力，也有发现真理的欢愉；从选题的彷徨无奈，到写作的殚精竭虑；从最初的不知所措，到后来的意犹未尽。如此多的感悟一起涌来，如同昨日，历历在目。

在这里，我首先要感谢我的恩师庞绍堂先生。庞老师学术之严谨、学识之渊博、思考之深入让我敬佩不已。在平时的学习生涯中，庞老师对我们要求非常严格，鼓励我们用宽阔的视角和深入的分析去看待社会现实，而他总是用简短而又精辟的分析无数次地给我们以启发和深思。复杂的问题经他娓娓道来，顿觉十分清晰，一如真理如此明澈。在论文的写作过程中，庞老师的督促勤勉、指教悉心，让我顿觉惶恐汗颜，唯有深思熟虑，认真撰写。

在南京大学政府管理学院求学让我深感自豪，受益匪浅。我也要感谢童星教授、严强教授、朱国云教授、林闽钢教授、周沛教授、顾海教授、黄健荣教授、孔繁斌教授、魏姝教授、王强教授、陈志广副教授、严新明副教授，我的每一个进步，都凝聚着老师们的心血。

在博士的求学生涯中，众多同窗好友和睦相处，亲如兄弟姐妹，给了我学业和生活方面巨大的帮助，我为拥有这样的同学而深感幸福。

成书在即，我还要感谢我的父母，这么多年来，他们一直在背后默默地支持我，给了我巨大的帮助。也要感谢我的爱妻和女儿，她们给了我无穷的力量。

书稿的完成只是人生中的一个小小驿站，在这个充满竞争的社会里，没有人敢懈怠。“路漫漫其修远兮，吾将上下而求索。”这是我的座右铭，我亦以此自勉，来报答所有我应该感谢的人们。